Hans Joachim Schliep

Mach' es mit meinem Ende gut

Hans Joachim Schliep

Mach' es mit meinem Ende gut

Für ein Lebensende in Würde

Fromm Verlag

Impressum / Imprint
Bibliografische Information der Deutschen Nationalbibliothek: Die Deutsche Nationalbibliothek verzeichnet diese Publikation in der Deutschen Nationalbibliografie; detaillierte bibliografische Daten sind im Internet über http://dnb.d-nb.de abrufbar.

Bibliographic information published by the Deutsche Nationalbibliothek: The Deutsche Nationalbibliothek lists this publication in the Deutsche Nationalbibliografie; detailed bibliographic data are available in the Internet at http://dnb.d-nb.de.

Coverbild / Cover image: www.ingimage.com

Verlag / Publisher:
Fromm Verlag
ist ein Imprint der / is a trademark of
AV Akademikerverlag GmbH & Co. KG
Heinrich-Böcking-Str. 6-8, 66121 Saarbrücken, Deutschland / Germany
Email: info@frommverlag.de

Herstellung: siehe letzte Seite /
Printed at: see last page
ISBN: 978-3-8416-0179-7

Inhaltsverzeichnis Seite

Einführung und Widmung

Liebe Leserin, lieber Leser!

Gegen Ende meiner Dienstzeit habe ich mich von September 2008 bis März 2010 als Theologischer Referent am Zentrum für Gesundheitsethik der Ev.-luth. Landeskirche Hannovers mit Fragen der „Ethik am Lebensende" in Studien-, Seminar- und Beratungsarbeit sowie etwa 100 Vorträgen zum Themenkreis „Sterben in Würde / Patientenverfügung" beschäftigen dürfen. Zugleich war ich Mitglied in der AG „Ethik am Lebensende" der Akademie Ethik in der Medizin mit Sitz in Göttingen.

Von der dauerhaften Brisanz dieser Thematik handeln die ersten vier Texte dieses Buches. Um die wichtige Verbindung von Ethik, Seelsorge und Spiritualität hervorzuheben, habe ich Predigten zu den Bach-Kantaten BWV 102 und 188 sowie im Gedenken an den 70. Todestag des Liederdichters Jochen Klepper hinzugefügt.

Für die Betreuung auch dieser Publikation danke ich Frau Claudia Kaiser vom Fromm-Verlag Saarbrücken. Unentdeckt gebliebene Gestaltungs- und Rechtschreibfehler gehen auf mein Konto; ich bitte um Nachsicht. Die Meditation von Friedrich Karl Barth wurde mir als kleiner Zettel zugesteckt; die genaue Fundstelle blieb mir bisher unbekannt. Diese Meditation hat am Ende aller Vorträge eine starke Wirkung hinterlassen und viele Dankesbekundungen ausgelöst.

Dieses Buch widme ich meinem Schwager *Dietrich Kahle*, meinen Freunden Pastor *Hartwig Ladda*, *Bernd Rimpler* und *Siegfried Quast* und - stellvertretend für viele andere - *Helga Schierwagen*, die ich auf dem Kronsberg in Hannover kennengelernt habe. Sie hat ihren Glauben, ihren Mut und ihren Humor stets bewahrt, obwohl sie ihr Leben von früher Kindheit an auf einem (von ihr selbst steuerbaren) Liegebett verbringen musste. Diese Persönlichkeiten sind in sehr viel jüngeren Jahren, als sie mir bis heute geschenkt sind, aus diesem Leben abberufen worden. Ich vermisse sie. Sie gehören zu den Menschen, die mir gezeigt haben, wie die Endlichkeit des eigenen Lebens ausgehalten, ja angenommen werden kann und was es heißt, in Würde zu sterben, auch wenn dieses Sterben an die äußersten Grenzen des Vorstellbaren und Erträglichen gerät.

Hannover, Epiphaniasfest 2013 *Hans Joachim Schliep*

MEDITATION

Friedrich Karl Barth:
im angesicht des todes

wenn es soweit sein wird
mit mir
brauche ich den engel
in dir

bleibe still neben mir
in dem raum
jag den spuk der mich schreckt
aus dem traum

sing ein lied vor dich hin
das ich mag
und erzähle was war
manchen tag

zünd ein licht an
das ängste verscheucht
mach die trockenen lippen
mir feucht

wisch mir tränen und schweiß
vom gesicht
der geruch des verfalls
schreck dich nicht

halt ihn fest meinen leib
der sich bäumt
halte fest was der geist
sich erträumt

In Würde sterben

1. Sterben in einer Gesellschaft des langen Lebens

„In Würde sterben":[1] Dieses Thema fordert mich auf, meine eigene Sterblichkeit, meinen eigenen Tod in den Blick zu nehmen. Also spreche ich von einem Geschehen, das ich weder schon ganz verstanden noch in mein Lebensverständnis angemessen aufgenommen habe. Zutiefst bin ich davon überzeugt, dass der christliche Glaube, wie er uns namentlich in der Botschaft vom gekreuzigten und auferstandenen Jesus Christus entgegenkommt und anspricht, mir den richtigen Weg weist. Gleicherweise muss ich feststellen, dass das christliche Glaubenszeugnis, sich im Leben wie im Tod in Gottes Hand und darum auch im Sterben von Liebe umfangen zu wissen, ja, im Ende stets eines neuen Anfangs gewiss sein zu dürfen, meinen Verstehens- und Umgangsmöglichkeiten weit voraus ist. Mir bleibt nur der Ausruf des Mannes, der Jesus um Hilfe für seinen schwerkranken Sohn bittet: „Ich glaube; hilf meinem Unglauben!" (Markus 9,24)

„In Würde sterben": Warum ist das überhaupt zu einem Thema, ja, zu einer dringenden und bedrängenden Frage geworden? Warum erscheinen heute in großer Zahl Bücher mit Titeln wie diesen: „Das eigene Sterben. Auf der Suche nach einer neuen Lebenskunst" (Heinz Rüegger), „Sterben in Deutschland. Wie wir dem Tod wieder einen Platz in unserem Leben einräumen können" (Reimer Gronemeyer)? Mich überzeugt am meisten die Antwort: Weil wir zu einer «Gesellschaft des langen Lebens» (Leopold Rosenmayr) geworden sind. Wir leben heute länger. Darum sterben wir auch länger. Beides hängt, jedenfalls in Europa und den USA, mit mindestens vier Faktoren zusammen: einer langen Friedenszeit, wie wir

---

[1] Die erste Fassung dieses Textes habe ich um die Jahreswende 2008 / 2009 zunächst zur eigenen Selbstverständigung zu Papier gebracht, er wurde dann zur Grundlage zahlreicher Referate im Rahmen meiner Tätigkeit als Theologischer Referent am Zentrum für Gesundheitsethik (siehe ZUR EINFÜHRUNG). Die Erstfassung enthielt ein Literaturverzeichnis von etwa 150 Titeln. Hier können zitiert werden nur die Titel, aus denen ich längere Zitate entnommen habe. Manche Zitate habe ich auch aus dem Gedächtnis niedergeschrieben. Hier sei wenigstens hingewiesen auf drei Bücher, die ich für äußerst lesenswert halte auch dort, wo sie namentlich im Blick auf den ärztlich assistierten Suizid andere Akzente setzen: Matthias Bormuth: Ambivalenz der Freiheit. Suizidales Denken im 20. Jahrhundert, Göttingen 2008; Matthias Kamann: Todeskämpfe. Die Politik des Jenseits und der Streit um die Sterbehilfe, Bielefeld 2009; Michael de Ridder: Wie wollen wir sterben? Ein ärztliches Plädoyer für eine neue Sterbekultur in Zeiten der Hochleistungsmedizin, München 2010.

sie bisher nur selten hatten; mit einem im Vergleich zu früheren Zeiten unvorstellbaren Wirtschaftswachstum mit einem atemberaubenden Wohlstandszuwachs; infolgedessen mit einer guten Ernährungslage, wie es sie bisher überhaupt noch nicht gab und in keiner anderen Erdregion gibt. Der vierte Faktor ist für unseren Zusammenhang der wichtigste: Die moderne Hochleistungsmedizin kann mit Hilfe technischer Mittel das Leben eines Menschen nahezu beliebig verlängern bzw. den Sterbezeitpunkt hinausschieben. Ein Beispiel dafür ist die Transplantationsmedizin, die auf der Basis der Hirntod- als für die Organentnahmeerlaubnis ausschlaggebender Todesdefinition die Organfunktionen nach Bedarf aufrecht erhalten kann. Damit ist freilich die Grenze zwischen Leben und Tod unscharf geworden. Leben sie noch oder sind sie schon tot bzw. ist ihr Leben lebenswert? Diese Fragen werden z. B. bei anencephalen Neugeborenen, bei Apallikern bzw. irreversibel Komatösen und Dementen gestellt. Sie ist sogleich persönlich zu verstehen: Betrachte ich, aus gegenwärtiger Perspektive, mich noch als Lebenden oder schon als Toten, wenn ich mich einmal im letzten Stadium einer zum Tode führenden Erkrankung, im „Persistent Vegetative Status" (PVS) befinden sollte?

Die medizinische Entwicklung in der Moderne hat einen Januskopf. Dank der erkenntnis- und ergebnisreichen Konzentration auf das Physische und Technische hat sie einerseits eine enorme Diagnoseerweiterung und Therapiewirkung erlangt, andererseits richtet sie den Blick mehr auf die Krankheit statt auf den kranken Menschen als Einheit von Leib, Seele und Geist. So ist es zu einer „Medikalisierung" und „Technologisierung" des Sterbens gekommen, dessen „Ökonomisierung" aufgrund der besonders hohen Kosten für Patienten in den letzten Jahren kaum noch aufzuhalten sein wird. Wo jedoch der kranke Mensch sich z. B. durch die künstliche Aufrechterhaltung seiner Organfunktionen „depossediert" fühlt, wächst sich seine Sorge um sich selbst zu der Furcht aus, „die Lebensverlängerung werde am Ende zur Sterbensverlängerung und zum Verdämmern von Ich-Erfahrung überhaupt."[1] Infolge der Angst vor einem Persönlichkeitsverlust wird das Selbstbestimmungsrecht schnell zum Protestmittel: „Ich will sterben nach *meinen*

[1] Hans-Georg Gadamer: Über die Verborgenheit der Gesundheit, BS 1135, Frankfurt/M. 1993, S. 85

Wünschen." Eine so verstandene und gehandhabte Autonomie verbindet sich nicht selten mit einer individualisierten Idealvorstellung, Sterben und Tod überhaupt nach eigenem Wollen einrichten zu können und unter den eigenen Willen zu zwingen - und als «autonome Persönlichkeit» eben dazu auch verpflichtet zu sein.

Insgesamt sei es, so die These des Medizinethikers Daniel Callahan in seinem Buch „Nachdenken über den Tod", zu einer mehrfachen Verwirrung und Verirrung gekommen: Erstens vergäßen die Medizin und die Gesellschaft, die sie hervorgebracht hat, den grundlegenden und unaufhebbaren Sachverhalt, dass Krankheiten ein Zeichen für die Endlichkeit und Sterblichkeit allen Lebens sind. Zweitens werde die Illusion genährt, mit medizinischen Mitteln ließe sich nicht nur das Leben nachhaltig verlängern, nein, der Tod selbst ließe sich unter Kontrolle bringen, und sei es in der paradoxen Form des absichtsvollen und gezielten Tötens, das beschönigend «Euthanasie», guter Tod, genannt werde. Drittens sei durch den Verlust allgemein anerkannter Umgangsweisen mit dem Sterben (Abschieds- und Bestattungsriten) aus einem „gezähmten Tod" (Philippe Ariès) ein „wilder Tod" geworden: ein Sterben, das trotz des begrüßenswerten Abnehmens von Todesfällen junger Menschen und ihres Zunehmens im Hochbetagtenalter keineswegs „friedlicher" und „würdiger" geworden sei. Wo aber - viertens - der Tod aus dem Machtbereich der Natur, wenn auch nur scheinbar, herausgenommen und, wiederum nur scheinbar, in den Herrschaftsbereich des Menschen und in seine Verantwortung hineingeraten sei, werde unsere Werteauffassung verdreht. Der Gedanke, die lebensverlängernde Medizin erhöhe den Wert des Lebens, sei nämlich ebenso falsch, wie der Gedanke, sie erniedrige ihn. Richtig angewandt, könne die Medizin die Lebensqualität verbessern, falsch angewandt könne sie die Lebensqualität verschlechtern. Davon unabhängig sei der Wert des Lebens etwas ganz Eigenes, in sich selbst Beruhendes.

In der Tat wird heute kaum noch bestritten, dass die moderne Medizin mit der Verminderung von Kontingenzen neue Kontingenzen geschaffen hat: Waren einst schon junge Menschen schicksalhaften Widerfahrnissen ausgesetzt und erlebte beinahe jede Familie frühe Tode von Angehörigen und Nachbarn, sind es heute zunehmend ältere Menschen. Allerdings endet ihr Leben nicht einfach aufgrund von «Altersschwachheit», weil in jedem Fall einmal «Erde zu Erde, Staub zum Staube, Asche zur Asche» wird. Auch sterben sie nicht an der ersten, nicht an der zweiten, nicht an der nächsten oder übernächsten Krankheit, sondern an dem, was wir dann „Multimorbidität" nennen.[1] Früher starb man spätestens „am Alter", heute stirbt man an bestimmten Krankheiten. Woran man starb, spielte früher eine untergeordnete Rolle oder blieb unbekannt, heute werden die Sterbeursachen penibel erforscht und dokumentiert. Dieses „neue Sterben" ist der Preis für unser längeres Leben: Wir sterben in der «dritten» und «vierten» Lebensphase an immer mehr Erkrankungen oder laborieren immer länger an chronischen Krankheiten. Augenscheinlich haben die kurzen Tode ab-, die langen Tode zugenommen. Nicht selten geschieht es auch, dass ein Mensch, der bis ins hohe Alter vital war, ganz plötzlich und dazu an vielen organischen Ursachen stirbt. Über immer mehr Todesanzeigen für 80- und 90-jährige Menschen wird stehen: „Er starb plötzlich und unerwartet. Warum?" Der Tod wird verschoben, er spielt im Lebensalltag eine nur geringe Rolle. Noch mit grauen Haaren ist ja - zum Glück! - buntes Leben möglich. Irgendwann aber kommt der Tod doch!

Sollten etwa die unsere Angstlust hervorrufenden unzähligen Tode und Morde, die als Nachrichten unseren Wohnraum infizieren und die wir in Krimis produzieren, ein Zeichen für ein verborgenes Wissen von der eigentlichen Unverborgenheit des Todes sein? Steckte in dieser Vermutung ein Körnchen Wahrheit, hieße das wohl: In dieser geradezu inszenierten Form wird der Tod, dem die Gesellschaft ohnehin fremd und befremdet gegenüber steht, erst recht desozialisiert, verliert er seine Einbindung ins Leben. Die Leiche wird zur Filmrequisite. Der Tod ist dann nur noch das Ausscheiden eines Lebewesens aus dem Gesellschaftsverbund, hat aber in dieser Massenform keine eigenständige Bedeutung mehr, seine Feststellung kommt einer Austrittsbescheinigung aus dem Verein der Lebenden gleich.

---

[1] Zu den Todesursachen und Sterbeorten in Deutschland und Europa und vielen weiteren wichtigen, in diesem Beitrag aufgenommenen Aspekten: Reimer Gronemeyer: Sterben in Deutschland, Frankfurt/M. 2007, S. 55-71.

Doch in den Erfolgen der modernen Medizin haben wir ja keineswegs mit dem Bösen, sondern längst mit den Folgen des Guten zu kämpfen: Aus «Schicksal» ist «Machsal» (Odo Marquard) geworden. Heute steht selbst der Tod im Fokus des durch menschliches Handeln Steuerbaren. Früher ging es hauptsächlich darum, im Rahmen einer weithin akzeptierten Daseinsdeutung den Tod hinzunehmen und sich zum Sterben bereit zu machen. Dazu bot eine christliche Sterbekunst («ars moriendi») noch demjenigen, der die schrecklichsten Leiden und Schmerzen erdulden und den scheußlichsten Tod sterben musste, eine Identifikation mit dem am Kreuz leidenden Jesus Christus[1] und die Hoffnung auf einen «neuen Himmel und eine neue Erde» ohne «Leid und Geschrei, Tränen und Tod» (2. Petrus 3,13; Offenbarung 21, 4). Heute steht das Sterben im Zeichen der Todesbekämpfung und der Lebensverlängerung. War der Tod einmal der Punkt, von dem aus der Blick auf das Leben fiel, wird er nun zum radikalen Antipoden des Lebens. „Der Versuch aber," so urteilt Reimer Gronemeyer im Anschluss an Michel Foucault, „den Tod auf seine Rolle als «nicht zum Leben gehörig», als Grenzstrich zu reduzieren, rächt sich. Grenzen wir den Tod aus, verblasst auch das Leben."

Dabei verstärken sich zwei widersprüchliche Erscheinungen zwischen Aufschub und Sofortverbrauch: Einerseits kann die Gegenwart unwichtiger werden, weil in einem immer länger werdenden Leben ganz viel in die Zukunft verschoben werden kann. Andererseits wird das Leben, zumal bei wachsendem Transzendenzverlust, zur letzten Gelegenheit, möglichst viel zu erleben. Dann aber ist das Scheitern vorprogrammiert, können wir doch in keiner «Lebenszeit die Weltzeit ausschöpfen» (Hans Blumenberg). Dann wollen wir alle nur noch jung sein und vergöttern, vergötzen die Vitalität. Was bleibt dann von der Würde des Alterns und des Alters? Kann dann, wo uns doch der Umgang mit dem Sterben ohnehin so schwer fällt und wir den Tod zumeist als tiefe narzisstische Kränkung empfinden, das Lebensende überhaupt noch als würdevoll erlebt werden?

---

[1] Ein Beispiel dafür ist der Isenheimer Altar, den Matthias Grünewald für ein Siechen- und Leprösenheim angefertigt hatte, damit die Kranken im Blick auf den leidenden Christus solidarische Tröstung und im Blick auf den auferstandenen Christus Hoffnung über ihr Leiden und Leben hinaus erfahren könnten.

Und was wird heutzutage erwartet, wo einst Gott als «Alpha und Omega, Anfang und Ende», als «Alles in Allem» geglaubt wurde? (Offenbarung 21,6) Die große Leere, das Nichts, der metaphysische Schrecken? „Ob Rosen, ob Schnee, ob Meere - was alles erblühte, verblich. Zwei Dinge nur bleiben: die Leere und das gezeichnete Ich." (Gottfried Benn) Oder gibt es noch Menschen, die sich die Worte von Marie-Luise Kaschnitz zu Eigen machen, wir seien kraft der Auferstehungshoffnung schon im Tode „vorweggenommen in ein Haus aus Licht"?

Aus meiner Sicht sind die lebensverlängernden Möglichkeiten der modernen Medizin begrüßens- und dankenswert, weil mit ihrer Hilfe ein zu früher Tod vermieden und durchaus dem Leben eine neue Möglichkeit gegeben werden kann. Doch gerade angesichts dieses zeitlichen Zugewinns an Leben fürchten sich viele Menschen vor dem möglicherweise damit verbundenen Verlust des eigenen Sterbens bzw. vor einem nur noch technisch aufrechterhaltenen physischen Leben bzw. vor unerträglichen Schmerzen. Es ist eben so: Wir leben heute länger, darum sterben wir auch länger. So ist die Lage paradox in zweifacher Weise:

› *Je mehr wir Leben verlängern können, desto dringender stellt sich die Frage, wie wir würdig sterben wollen.*

› *Je mehr Gutes wir tun können, desto mehr stellt sich die Frage, ob unsere Liebe ebenso stark ist wie unsere Macht.*

2. Some want it sudden, some slow…

Sterben scheint verboten. Der Tod darf nicht kommen. Er kommt aber doch. Dann soll er sich wenigstens unseren Wünschen fügen. Auf jeden Fall soll er „würdig" sein. In unserer Gesellschaft ist aber das Sterben entritualisiert, individualisiert und privatisiert. Deshalb stellt sich die Frage nach einem würdevollen Sterben als radikale und sehr persönliche Frage: Was stellen wir uns, Sie und ich, unter «Würde», namentlich unter einem «Sterben in Würde» vor?

Welche unterschiedlichen Wünsche Menschen im Blick auf ihr Sterben haben, hat der britische Medizinethiker Richard Smith einmal so dargestellt: "Some want it sudden, some slow. Some want a quiet death with minimal involvement. Others want to follow Dylan Thomas and «rage, rage against the dying of the light», squeezing every last drop from life. A few choose to kill themselves, while others would like to be killed."[1]

So unbehaglich mir wird, wenn ich an mein Sterben und meinen Tod denke, gehen meine Wünsche etwa in folgende Richtung:[2]

▹ Ich wünsche mir ein Sterben begleitet von Menschen, die mir lieb sind und die ihre Zuwendung einfühlsam vermitteln können. Wenn ich schon diese Welt verlassen muss, möchte ich meinen letzten Atemzug tun und meine Augen schließen in den Armen meiner Frau, sollte diese, was ich nicht hoffe, vor mir abberufen worden sein, an den Händen eines unserer Kinder. Auf jeden Fall wünsche ich mir vertraute Menschen in meiner Nähe.

▹ Ich wünsche mir Zeit, meine letzten Angelegenheiten regeln, mich von meiner Familie und von Freunden verabschieden, sie um Vergebung bitten und, wenn es irgend sein kann, mit ihnen Abendmahl feiern zu können: als Festmahl, denn ich stehe dann zwar noch vor dem Festsaal, aber ich höre schon die Musik. Die Musik, die ich mir wünsche, ist von Mozart, Bach und Harry Belafonte.

▹ Ich wünsche mir ein Sterben ohne allzu große Schmerzen, bei einigermaßen klarem Verstand und ungetrübtem Bewusstsein. Ich möchte lange lesen können.

▹ Ich wünsche mir, dass meinem Sterben keine lange Periode der Demenz und des Kontrollverlustes über den eigenen Körper vorangeht und ich keine lange Zeit in umfassender Pflegeabhängigkeit ans Bett gefesselt bin.

▹ Ich wünsche mir einfühlsame und behutsame Pflegerinnen und Pfleger, die mir nichts aufdrängen und mit denen ich lachen kann.

▹ Ich wünsche mir natürlich ebenso kundige wie verständnisvolle Ärzte, die mich über die medizinischen Gegebenheiten und Möglichkeiten stets wohl informieren und mit denen ich Gespräche über das Medizinische hinaus führen kann.

▹ Ich wünsche mir, dass man mich, hat der Sterbeprozess erst einmal unumkehrbar begonnen, in Ruhe sterben lässt und keinen - weiteren - Reanimations- und

---

[1] Richard Smith: Death come closer, in: British Medicine Journal 327 / 2003, S. 169

[2] Nach Heinz Rüegger: Sterben in Würde?, Zürich 2003, S. 55

Therapieversuchen aussetzt. Ich will aber nicht ausschließen, dass mein Leichnam der medizinischen Forschung überlassen wird, stelle eine solche Entscheidung aber meinen Angehörigen anheim.

▷ Schon hier merke ich an, dass ich im Blick auf mein Sterben und meinen Tod den Menschen, die mir nahestehen, einen großen Spielraum lassen möchte. Denn die Lyrikerin Mascha Kalèko hat Recht: „Den eignen Tod, den stirbt man nur, doch mit dem Tod der anderen muss man leben." Ich muss nur mit meinem Sterben leben, meine Nächsten mit meinem Sterben und mit meinem Tod, deshalb sollte ich ihnen überlassen, wie sie mit meinem Tod umgehen.

Wie ich aus meinen Besuchen bei Sterbenden weiß, stimmen die genannten Wünsche in ihrem Grundtenor mit denen der allermeisten Menschen überein. In welchem Verhältnis stehen sie zu den „Zwölf Prinzipien des guten Sterbens", die der Schlussbericht der britischen Kommission „The Future of Health and Care of Older People" [1999] aufführt? Sie berühren sich teilweise mit ihnen, werden von ihnen teilweise ergänzt, unterscheiden sich teilweise aber auch von ihnen:

1. Zu wissen, wann der Tod kommt, und zu verstehen, was zu erwarten ist.
2. Die Kontrolle über das Geschehen bewahren zu können.
3. Würde und Privatsphäre zugestanden zu bekommen.
4. Eine gute Behandlung der Schmerzen und anderer Symptome zu erhalten.
5. Über den Sterbeort entscheiden zu können (zu Hause, Krankenhaus, Hospiz oder anderswo).
6. Alle nötigen Informationen zu bekommen („informed consent").
7. Jede Form spiritueller und emotionaler Unterstützung zu erhalten.
8. Zugang zur Hospizbetreuung überall gewährleistet zu wissen.
9. Bestimmen zu können, wer am Ende anwesend sein soll.
10. Eine Patientenverfügung hinterlegen zu können und zu wissen, dass die Wünsche respektiert werden.
11. Zeit für den Abschied zu haben und die Kontrolle auch über andere Aspekte der Zeiteinteilung zu behalten, z. B. Wach- und Schlafphasen.

12. Zum rechten Zeitpunkt sterben zu können und keine sinnlose Lebensverlängerung über sich ergehen lassen zu müssen.

Zum Schluss dieses Abschnittes noch einmal: Wenn wir, wozu es keinen Zwang geben darf, unser Selbstbestimmungsrecht auch am Lebensende ausüben wollen, müssen wir für uns selbst klären, wer wir sind und wie wir sterben wollen! Wer bin ich eigentlich und wie möchte ich mein Lebensende gestaltet wissen? Eine solche Klärung ist umso nötiger, als *mein* Sterben zum Ganzen *meines* Lebens gehört, in ihm verdichtet sich gleichsam mein Leben. Im Sterben bin ich unvertretbar, und darin erlebe ich mich selbst und andere mich in meinem mir so gegebenen und möglichen Mensch- und Personsein.

3. Biblische Perspektiven

Keines dieser Prinzipien möchte ich unmittelbar in Frage stellen, aber ich möchte sie in ein bestimmtes Licht rücken und dabei durchaus relativieren. Dazu entfalte ich nun das christliche Lebensverständnis, aus dem sich aus meiner Sicht ein angemessenes Würde-Verständnis ergibt. Was dessen biblische Grundlagen betrifft, muss ich mich im Rahmen dieses Vortrags auf einige Grundlinien und Richtungsangaben beschränken:

Zuerst ist wichtig zu erkennen, dass die Bibel kein geschlossenes Bild vom Sterben bietet - und schon gar nicht von einem Sterben, wie es sein soll. Die Bibel erzählt sehr unterschiedliche Geschichten, wie Menschen sterben bzw. wie sie mit ihrer Sterblichkeit umgehen. Da begegnen wir Menschen, die alt und lebenssatt sterben, und anderen, die sich voller Verzweiflung in ihr eigenes Schwert stürzen oder viel zu jung eines jähen Todes sterben oder durch brutale Waffengewalt oder am Hunger elend zugrunde gehen. Da gibt es Menschen, die Gott mit ihrer Fassungslosigkeit bedrängen, warum er sie denn sterben lasse, wo doch die Toten Gott nicht loben können, und andere, die sich, wohin es sie auch treiben mag oder wohin sie auch fliehen mögen, ob ans äußerste Ende des Meeres oder ins Reich der Toten (Psalm 139), doch immer von Gott gekannt und anerkannt, angenommen und aufgehoben wissen. Da steht das dankbare „Am Ende bin ich noch immer bei dir!“ gegen das klagende, ja *an*klagende „Warum plagst und quälst du mich, Gott, warum lässt du mich in Leiden, Schmerzen und Tod verderben?“

In der Bibel verfluchen Menschen den Tag ihrer Geburt, sie fühlen, wie ihre Gebeine auseinanderfallen und ihr Inneres, ihr „Herz“, wie erhitztes Wachs zerfließt (Psalm 22). Andere vertrauen Gott als „gutem Hirten“, der ihnen Dauerasyl gewährt, indem er sie „bleiben“ lässt „im Hause des HERRN immerdar“ (Psalm 23). In sehr alten Texten der Hebräischen Bibel wird der Tod noch gar nicht mit Gott in Verbindung gebracht: Tod ist gleich Gottesferne. Vor allem jüngere, aber auch andere ältere und ganz dramatische, den Lesenden an den Rand des Wahnsinns treibende Texte wie dem, in dem Abraham seinen Sohn Isaak wie ein Opferlamm zu schlachten befohlen wird und er dazu tatsächlich bereit ist (1. Mose 22), zeugen von einem paradoxen Glauben: Israel ist außerstande, sich eine Zeit, einen Raum, einen Lebensumstand jenseits Gottes zu denken. Aber die Beziehung zu Gott hat viele Facetten und Dimensionen, z. B. kann Gott erlebt werden als freundlich und feindlich, in seiner Verborgenheit bedrängend nah, in seiner Anwesenheit erschreckend fern und fremd. Oftmals kann der biblische Mensch das Unglück und das Übel weder mit noch ohne Gott verstehen. Dennoch weiß er sich stets von Gott angesprochen und in Gottes Gegenwart aufgehoben. Das Lebensfeindliche wie das Lebensdienliche, alle Paradoxien und Absurditäten des Daseins - alles geschieht vor Gott, ohne dass es umstandslos einfach nur auf Gott zurückgeführt würde. Ja, GOTT ist geradezu der NAME für einen Sinnhorizont noch hinter allen Sinnwidrigkeiten!

So ringen namentlich in der Hebräischen Bibel, die wir Altes Testament nennen, Menschen mit Gott um die Würde ihres Sterbens, ebenso weit entfernt vom antiken Ideal des «guten Todes» («Euthanasie») wie vom modernen Ideal eines «selbstbestimmten» Sterbens nach eigenen Wünschen. In diesem Ringen, wie wir es vornehmlich in den Klagepsalmen und in der Hiob-Dichtung finden, wird alles ausgesprochen, was *vor* Gott geschieht und *von* Gott, wenn nicht bewirkt, so doch zugelassen wird - in der Freiheit, in der Gott sich um der Freiheit des Menschen willen selbst zurücknimmt. Alles wird ausgesprochen, weil gerade das ausgesprochen werden muss, was nicht das letzte Wort behalten darf, am allerwenigsten der Tod!

Ebenso ist - zweitens - zu beachten: Zwar wird auf diese relativ junge Vorstellung in der Bibel nur ganz selten zurückgegriffen, aber wegen der prominenten Stellung am Anfang der Bibel, im großen, in sieben Tage gegliederten Schöpfungslied 1. Mose 1, hat die Christenheit das Verständnis des Menschen als «Ebenbild Gottes», als Mann und als Frau, zum Dreh- und Angelpunkt aller weiteren Aussagen über das Menschsein gemacht (1. Mose 1,26f).

Die Rede von der «imago Dei» ist aber keine Seinsdefinition, die man an bestimmten Wesensmerkmalen, an Fähigkeiten oder Leistungen festmachen kann, sondern zuerst und zuletzt eine Aussage der Beziehung («relationale Ontologie»). In dieser Beziehung gründet und entfaltet sich das Menschsein. Um es in Bezug auf den der Bibel unbekannten neuzeitlichen Würdegedanken zu formulieren, ist festzuhalten: Kraft dieser Gottesbeziehung, die immer wieder von Gott selbst erneuert und aufrechterhalten wird, hat der Mensch Anteil an der «Kabod», am «Glanz», an der «Herrlichkeit», eigentlich an der «Schwere» Gottes, wie man unser Wort «Würde» ins Hebräische rückübersetzen müsste. Mit anderen Worten: Im Sinne der Bibel ist Würde keine Eigenschaft, sondern ein Verhältnis, ein Beziehungsgeschehen und -begriff. Menschenwürde gründet nicht darin, dass der Mensch *über* der Natur mit allem, was lebt, steht. Sie gründet darin, dass er *vor* Gott steht, zur Partnerschaft mit Gott und den Mitmenschen geschaffen und bestimmt. Die menschliche Würde kann also nicht empirisch festgestellt werden, sondern will im Glauben angenommen und anerkannt sein.

So ist menschliches Dasein immer ein Leben in Beziehung, es gründet sich immer wieder neu von den «panim», dem Antlitz,[1] eigentlich den «Angesichten» Gottes her; der Mensch existiert also im Sinne des Primordialen *vor* dem, besser noch *im* und *vom* und *durch* das «Antlitz des Anderen» (Emmanuel Lévinas). So lässt sich des Menschen Würde niemals auf seine Seele oder seinen Verstand, auf sein

---

[1] 4. Mose 6,24-26: „Der HERR segne dich und behüte dich. Der HERR lasse sein Angesicht leuchten über dir und sei dir gnädig. Der HERR hebe sein Angesicht über dich und gebe dir Frieden."

Inneres oder sein Äußeres, auf seinen Körper oder seinen Geist beschränken; das alles, Leib, Seele und Geist, Innen und Außen, hat der Mensch ja nicht, er ist es. Noch wichtiger: Seine Würde ist ihm zugeeignet, deshalb wird sie zu des Menschen eigener Würde. Diese, weil sie von außen (extra nos > pro nobis), aus der Gottesbeziehung kommt, „fremde" Würde (dignitas aliena) bleibt eines Menschen unveräußerliche, ganz zu ihm gehörende Würde, unabhängig von seinem Ergehen und unbeschadet seines Zustands, sei er vital oder hinfällig. Diese Würde ergreift ihn geradezu und lässt ihn nicht mehr los, sie ist gleichsam seine «Seele», d. h. sein zentriertes und integriertes Selbst (Paul Tillich), das seinen „Ort" in Gott und im Menschen zugleich und deshalb ewigen Bestand hat.

In diesem Zusammenhang ist - drittens - eine ganz einfache, unmittelbar von jedem Menschen erfahrene, darum schlichtweg *die* grundlegende Bestimmung des Menschseins neu bewusst zu machen: Der Mensch ist „beatmetes Leben", eine «näphäsch hajjah». So erzählt es uns der Mythos von der Erschaffung und Formung des geschlechtlich noch ungeteilten «Adam» aus der «adama», der Ackererde. In diesem Bild ist die Einsicht enthalten, dass der Mensch kreatürliches und deshalb naturgemäß sterbliches Leben ist: vergänglich wie jedes andere Lebewesen, ermächtigt wie kein anderes Lebewesen. Von Beginn an chronisch bedürftig und unendlich angewiesen. So empfängt ein Mensch sein Leben als Gabe und als Aufgabe. Ein Mensch zu sein heißt, Freiheit als *endliche* Freiheit (Paul Tillich) leben zu dürfen, die deshalb nur im Rahmen von Beziehungen menschengemäß gestaltet werden kann.

Das bedeutet zugleich: der Mensch ist in all seinen großen Möglichkeiten, auch als „Gesunder", ein hilfsbedürftiges und hinfälliges, ein verletzliches und sich selbst verborgenes, ein andere beschädigendes und selbst beschädigtes, ein fehlsames und fragmentarisches Wesen. So erwächst seine Aktivität aus seiner Passivität, die als Grundrezeptivität zu verstehen ist. Auf seiner Empfänglichkeit ruht mithin all seine Tätigkeit. Das wird zumal daran deutlich, dass unser faktischer Lebenslauf weniger das Resultat bewusster Lebensführung ist als viel mehr Widerfahrnis. In alledem will sich uns eine weitere Einsicht mitteilen: Die Begrenzung, die wesentlich zur «conditio humana» gehört, tut dem Menschen im Grunde gut. Denn sie befreit ihn vom Tunmüssen zum Lassenkönnen, ja, Lassendürfen und Lassensollen. Sie setzt dem Streben, das bisher stets zu organisierter Unmenschlichkeit geführt und unzählige Menschenleben gekostet hat: dem Streben nach einem Übermenschentum, nach uneingeschränkter Selbstverfügung bis hin zur Übernahme der Verantwortung für alles und jedes ein Ende. So bekommt der Mensch wieder sein menschliches Maß zurück. Aus dem unmöglichen Gottmenschen wird ein Mensch Gottes, der seine Möglichkeiten in endlicher Freiheit wahrnimmt und so einen gläubigen Realismus verwirklicht. Zu diesem gläubigen Realismus gehört die Erkenntnis: Es ist doch erst meine Endlichkeit, die jedem Augenblick meines Lebens Bedeutung verleiht; lebte ich un-endlich, verlöre alles seinen Wert. «Ewiges Leben» meint ja auch kein - jedenfalls nach unseren Maßstäben kein - unendliches, andauerndes, unaufhörliches Dasein und Sosein, sondern ein Bestimmtsein ganz von Gott und ein Umfangensein ganz von Liebe, in welchem Zustand auch immer.

Die vierte Grundlinie des biblischen Menschenbildes enthält nun eine unverwechselbare, unter den Religionen einmalige Richtungsangabe für ein christliches Lebensverständnis. Jesu nach 1. Korinther 15 als leibliche gedachte Auferweckung ist so zu verstehen, dass Gott demjenigen Recht und Würde gibt, der nach dem Urteil seiner Mitmenschen den Tod eines Recht- und Würdelosen sterben musste und gestorben ist. In seiner nach hartem Ringen mit Gott - *„...so gehe dieser Kelch an mir vorüber; doch nicht wie ich will, sondern wie du willst.“* (Matthäus 26,39) - souverän übernommenen Lebenshingabe hat Jesus gleichsam Gott in den Tod hineingezogen und kraft seiner Liebe noch die äußerste Gottesferne in Gottesnähe verwandelt. In diesem Sinn hat sich der frühen Christenheit die Bedeutung des Todes Jesu im Zusammenhang mit Jesaja 53 erschlossen: *„Fürwahr er trug unsere Krankheit und lud auf sich unsere Schmerzen...“*. Aus dieser überwältigenden Einsicht, die in dem Verachtetsten den bei Gott Geachtetsten erkennt und die im Ende schon den neuen Anfang erblickt, hat Paulus ein Christuswort als persönliches Bekenntnis weitergegeben: *„Lass dir an meiner Gnade genügen, denn Gottes Kraft ist in den Schwachen mächtig [genau übersetzt: ‚kommt in Schwachheit zur Vollendung'].“* (2. Korinther 12,9)

Luther hat daraus für sich die Erkenntnis und Erwartung gewonnen, noch in der Fratze des Todes werde ihm das Antlitz Jesu Christi begegnen, und spricht in diesem Sinn angesichts der Gebrochenheit und Endlichkeit des menschlichen Lebens von „getroster Verzweiflung". Das ist der Wesenskern des christlichen Glaubens und das Wichtigste, was aus christlicher Sicht zum Thema «Würde im Sterben» oder auch «Würde in Krankheit und Schmerzen» zu sagen ist. Gott begegnet in den Kontingenzen, den Widerfahrnissen des leiblichen Lebens.

Angesichts der schweren Entscheidungen am Lebensende ist es sicher notwendig hinzuzufügen: Auch im Scheitern ist niemand endgültig gescheitert. Das Licht, das mir am Ende meines Daseins dessen schwarze Schatten, d. h. meine dunklen Seiten, meine Schuld, schmerzhaft offenbart, ist das Licht der Liebe, die mir im Antlitz des Gekreuzigten entgegenkommt. Diese Liebe wird mich richten! Diese Liebe wird mich retten! Wer Christus im Leben gehört, geht ihm im Sterben nicht verloren!

Ich fasse zusammen: Weder kennt die Bibel ein normiertes Sterben noch stellt sie Normen für einen guten Tod auf. Sie bezeugt uns aber eine radikale Liebe, wie sie uns in Kreuz und Auferstehung entgegenkommt: Um uns Menschen wirklich nahe zu sein, hat Gott selbst den Weg des Leidens und Sterbens gewählt. Offenbar kann Leiden nur durch das Leiden hindurch, kann der Schmerz nur durch den Schmerz hindurch, kann der Tod nur durch den Tod hindurch überwunden werden. Diese Wahrheit erschließt uns eine bestimmte Lebens- und damit auch Sterbekunst. Zu ihr gehört zuallererst ein unverwechselbares Lebensverständnis: noch im Bruchstück kann das Ganze, im Unvollständigen schon das Vollständige, im Unvollkommenen bereits das Vollkommene wahrgenommen werden (Henning Luther). Dann wird gerade dem Fragmentarischen eine unteilbare und unverlierbare Würde zuteil. Dann gehört die Hilfsbedürftigkeit zum Wesen des Menschen, sie widerspricht nicht seiner Würde, sie ist sogar wesentliches Element der Daseinserfüllung. Mit anderen Worten: In der liebenden Lebenshingabe Jesu Christi ist zu erkennen, wie die Fragmentarität und Vulnerabilität menschlichen Lebens auf eine letzte Vollendung verweist, die vom Menschen selbst nicht zu leisten ist. In dieser Christusperspektive ist eine menschliche Welt keine Welt ohne Schmerzen und

Leiden, nicht einmal ohne Böses, sondern eine Welt, in der wir gelernt haben, mit Schmerzen und Leiden, Sterben und Tod und auch mit dem Bösen menschlich umzugehen. In dieser Christusperspektive kommt endgültig und unverwechselbar zum Ausdruck, was das Menschsein allererst ausmacht: seine *Grundpassivität* (Ulrich H. J. Körtner), besser gesagt: seine *Grundrezeptivität.* Es ist eben, woran in dieser Zeit der Aktivität und Mobilität immer wieder zu erinnern wäre, meine Empfänglichkeit die Grundbedingung aller meiner Tätigkeiten!

Die christlichen Kirchen in Deutschland haben es immer wieder und 1989 in ihrer gemeinsamen Erklärung «Gott ist ein Freund des Lebens» so gesagt: *„Auch das durch Krankheit, Behinderung oder Tod gezeichnete Leben hat als menschliches Leben eine unverlierbare Würde. Selbst schwerwiegende Beeinträchtigungen des Lebensvollzugs, vollständige Hilflosigkeit und ein hoher Aufwand an Pflege und Betreuung können es unter keinen Umständen rechtfertigen, den betroffenen Menschen die Würde abzusprechen oder ihre Würde als eingeschränkt anzusehen."*[1]

4. Die Würde des begrenzten Lebens wahrnehmen

„In Würde sterben": Was heißt das nun näherhin, wenn - wie eben dargelegt, jetzt nur mit anderen Worten ausgedrückt - Menschenwürde im biblischen Sinn die Würde des begrenzten Lebens ist?

Zunächst beziehe ich mich noch einmal auf das in biblischer Perspektive soeben Dargelegte: „Die zeitliche Begrenztheit *und* die ewige Bestimmung, die dem Menschen gegeben ist, machen sein Leben kostbar und erhaltenswert. Aber der durch die Hoffnung auf Vollendung im ewigen Leben gewiesene Weg besteht nicht in der Verpflichtung zur Verlängerung des irdischen Lebens um jeden Preis. Ebenso gilt, dass nicht alles, was das irdische Leben verlängert, deshalb auch schon der Würde des Menschen dient. Die Menschenwürde ist die Würde des begrenzten menschlichen Lebens. Und diese Begrenzung ist *auch* eine Wohltat für den Menschen: Sie ist *auch* Begrenzung des Fluches, der auf dem irdischen Leben liegt (so Gen 3,19)."[2]

---

[1] Gott ist ein Freund des Lebens, Hg. Rat der EKD / Dt. Bischofskonferenz, Gütersloh 1989, S. 46
[2] Wilfried Härle: Menschsein in Beziehungen, Tübingen 2005, S. 431

Nur in dieser Ambivalenz kann aus christlicher Sicht zu den prinzipiellen und den aktuellen Fragen im Blick auf das Sterben Stellung genommen werden. In ihrer konkreten Wahrnehmung ergibt sich ein bestimmtes Verständnis von Humanität, auf die es unserer Gesellschaft mit gutem Grund so sehr ankommt. Humanität besteht dann nicht darin, Krankheiten und Schmerzen zu verbannen und das Sterben zu verleugnen, sondern gelernt zu haben, mit ihnen menschlich, human, umzugehen: in einer Souveränität jenseits eines stoischen Heroismus, der alles unangefochten erträgt, wie jenseits eines depressiven Narzissmus, den schon kleine Versagungen erschüttern lassen, also stets in der Spannung von Widerstand und Ergebung, von Verändern und Hinnehmen, von Abhängigkeit und Unabhängigkeit.

Daraus ergibt sich ein ganz bestimmtes Würde-Konzept, das ich Ihnen nun vorstellen möchte: das Konzept der *Beziehungswürde* (relational-inhärent), das ich von dem gängigen Konzept der *Eigenschaftswürde* (kontingent-akzidentell) unterscheide, wenngleich nicht scheide. Die relational-inhärente Würde liegt der kontingent-akzidentellen Würde voraus und zugrunde. Die inhärente Würde schließt die akzidentelle mit ein. Insofern ist sie etwas Eigenes und Selbstständiges. Die inhärente Würde kann eine Stütze, aber auch eine Kritik der akzidentellen Würde sein, wenn diese sich von der inhärenten Würde isoliert und verabsolutiert.

Die *relational-inhärente Würde* müssen wir uns nicht erarbeiten, sie kommt auf uns zu und so gehört sie ganz zu uns, ist sie der Kern unseres Menschseins als Personsein. Sie ist, von der biblischen Botschaft her verstanden, *Beziehungswürde*, also in einer Relation begründet. Diese Relation ist eine zweifache: Kraft der Gottesbeziehung gilt sie allen gleichermaßen - und darin verbindet sie alle miteinander. Im Unterschied dazu sucht die *kontingent-akzidentelle Würde* ihren Grund in der Selbstkonstitution des Menschen aus seiner Selbsttätigkeit. Was das bedeutet, verstehen wir besser, wenn wir einen kurzen Blick auf die Entwicklung des Würdebegriffs richten. Wie auch immer sie begründet wurde, war der Begriff der Menschenwürde eine Seinsbestimmung und ein Gestaltungsauftrag. Als Seinsbestimmung war Menschenwürde etwas mit dem Menschsein Gegebenes, eine „Mitgiftwürde", als Gestaltungsauftrag war sie etwas Aufgegebenes, eine

„Leistungswürde“[1]. Immanuel Kant, *der* große neuzeitliche Denker der Menschenwürde, hielt beides noch zusammen, auch wenn er auf eine religiös-metaphysische Begründung verzichtete. Denn gerade indem er den Menschen als zu Vernunft und selbstständigem Urteil befähigt betrachtete und darin seine Würde erblickte, erkannte er Freiheit und Autonomie als dem Menschsein immer schon mitgegeben. Das wird daran deutlich, dass Kant zufolge der Mensch seiner Vernunft und Autonomie einzig dann entspricht, wenn seine moralischen Maximen zu Maximen einer allgemeinen Gesetzgebung werden können, zu unhintergehbaren ethischen Normen und Werten (wie wir heute sagen würden), die für alle Menschen prinzipiell einsehbar und verbindlich sind. So war der Gestaltungsauftrag an die Seinsbestimmung rückgebunden. Diese Rückkopplung wurde tendenziell aufgelöst, als «Utilitaristen» im 19. Jh. die Frage nach Ziel und Subjekt vernünftigen und autonomen moralischen Handelns folgendermaßen beantworteten:

Ziel moralischen Handelns sei der größtmögliche Nutzen aller: das größtmögliche Glück einer größtmöglichen Zahl, in diesem Sinn moralisch handeln könnten nur Subjekte, die Interessen zu haben und zu vertreten imstande seien, das Ergebnis derartigen moralischen Handelns sei nur an den tatsächlichen Handlungsfolgen messbar. Damit kommt ein voluntaristischer und rationalistischer Zug in die Ethik und das ihr zugrunde liegende Verständnis von Würde. Menschenwürde wird an das menschliche Wollen gekoppelt und damit an sein Verstandesvermögen. Wo diese Eigenschaften nicht vorhanden sind und wo der Mensch auf ihrer Grundlage nicht sein Selbstbestimmungsrecht ausübt, ist Autonomie praktisch nicht mehr vorhanden. Das bedeutet dann auch, dass er sein Subjektsein, seine Personalität verliert. Damit wandelt sich sowohl das Person- als auch das Würde-Verständnis von einer Gegebenheit zu einem Verdienst, einer Leistung. Personalität und Würde bleiben nicht mehr, solange das menschliche Sein existiert, dem sie als „Mitgift“ innewohnen, also inhärent sind. Vielmehr werden sie zu einer am Nutzen und an

---

[1] Beide Begriffe stammen von Otfried Höffe, zit. n. Heinz Rüegger, Würde, S. 23. In Aufnahme des Begriffs „inhärente“ Würde folge ich mit eigenen Akzenten, z. B. indem ich von „relational-inhärenter“ und „kontingent-akzidenteller“ Würde spreche, ebenfalls Rüegger, Würde, bes. S. 21-36. Der Kürze halber gebrauche ich nur die Ausdrücke „inhärent“ und „akzidentell“.

Interessen orientierten „Leistungswürde", die nun einmal, statt gleichmäßig gegeben zu sein, ganz unterschiedlich vorhanden, also zufällig ist: kontingent oder eben akzidentell, weil sie auf Eigenschaften beruht, die ein Mensch sich wohl teilweise, aber niemals vollständig selbst erwerben oder bewahren kann, die ihm also nicht von vornherein wesenhaft sind. Diese akzidentelle Würde, die auf erkennbaren, messbaren Kompetenzen und Qualitäten beruht und sich in ausgeübter Autonomie äußert, erhebt nun Anspruch auf Geltung.

Mit diesem Würde-Verständnis verändert sich das Lebens- und Menschenverständnis: Der Mensch wird von einem Zentrum, in dem sich unterschiedliche Eigenschaften und Möglichkeiten ihm gegebenen und gemäßen Seinsweise verbinden, zu einer Summe von Eigenschaften und Fähigkeiten.

Wenn aber ein Mensch zur Ausbildung und Ausübung solcher Fähigkeiten und Eigenschaften, zu einer autonomen Praxis niemals wirklich imstande war oder nicht mehr in der Lage ist, wenn er weder wirkliche Handlungsmacht besessen oder sie inzwischen völlig eingebüßt hat? Ist er dann keine Person mehr, kein Subjekt? Hat er dann keine Würde mehr, weil er keine Interessen mehr äußern, weil er sich nicht mehr selbst bestimmen kann? Deutlich ist zu erkennen: Akzidentelle Würde ist eine prekäre, äußerst gefährdete Würde, weil sie letztlich an Interessen, Nutzen, Handlungen, kurzum: an Vitalität und Rationalität gebunden ist. Aber ist damit die Menschenwürde nicht unterbestimmt: ganz und gar lückenhaft, in hohem Maße defizitär? Läuft nicht, wer sich einzig auf seine Autonomie und Stärke verlässt, erst ständig Gefahr, umso abhängiger von den Normen und Werturteilen anderer zu sein, weil er seine Vitalität, Rationalität und Interessen stets nur im Vergleich mit denen anderer definieren kann?! Und wie könnte aufgrund solchen Würde-Verständnisses, das letztlich auf Leistung und Erfolg baut, denn ein Abgleiten in ein idealisiertes und sich verabsolutierendes Autonomiedenken und eine Ideologie, um nicht gleich zu sagen: „Tyrannei gelingenden Lebens" (Gunda Schneider-Flume) überhaupt noch verhindert werden?! In solchen Idealisierungen und Ideologisierungen müssen doch Personalität und Subjektivität, entgegen aller Absichten ihrer Vertreter und heiligen Schwüre ihrer Verfechter, verschwinden wie in einem schwarzen Loch. In der Tat gibt es Utilitaristen, z. B. Peter Singer und Helga Kuhse, die kommunikations- und rationalitätsunfähigen menschlichen Wesen, die keine Interessen und Präferenzen äußern können, das Personsein absprechen und ihre Lebensrechte in Zweifel ziehen.

Demgegenüber halte ich an einem Lebens- und Personverständnis fest, das auf der Grundlage, im Sinne und in Achtung inhärenter Würde weder abhängig ist von der Ausstattung eines Menschen mit Rationalität, Autonomie und Freiheit noch sich auszeichnet durch eine bestimmte physisch-psychische Verfassung oder die moralische Qualität seines Handelns. Die einer jeden Person innewohnende Würde hat ihren Grund in ihrer Externität - Externität in dem Sinn, dass sie jeder Menschenperson schon vor aller Selbstbestimmung und unabhängig von bestimmten Lebensumständen vorausliegt, ihr von außerhalb ihrer selbst zukommt und auf diese Weise allem Selbstsein zugrunde liegt. „Die Würde der Person ist dann mit dem Personsein des Menschen genau so mitgegeben, wie das Personsein mit dem Menschsein des Menschen mitgegeben ist."[1] *So* ist sie auch aufgegeben. Sie ist so aufgegeben, dass gerade die selbstständige menschliche Lebensführung darin besteht, das grundsätzliche Gegebensein des eigenen Lebens und seine unhintergehbare Angewiesenheit und Abhängigkeit zu gestalten. Für den Fall, dass ein Mensch zu solcher Selbstständigkeit nicht mehr in der Lage sein sollte, darf er sich ganz anderen anvertrauen, und dabei, in seiner Unterstützungsbedürftigkeit, wissen, seiner Würde niemals verlustig gehen zu können. Seine Würde wird allerdings umso erkennbarer, je menschengerechter andere mit ihm umgehen, die ihre eigene Würde in einem respektvollen Umgang mit der Würde anderer betätigen.

Damit Menschen ihre eigene Würde im respektvollen Umgang mit der Würde anderer in den häufig schwierigen Situationen am Lebensende ausüben können, benötigen sie natürlich ein hohes Maß an kommunikativer, pflegerischer und medizinischer Kompetenz; nicht selten aber auch nur und in, mit und unter den Kompetenzen ohnehin: Liebe (1. Korinther 13). Nur in der Liebe wird der Tod

---

[1] Eberhard Jüngel, zit. n. Heinz Rüegger, Würde, S. 36

erträglich. Gewiss, die Hoffnung stirbt zuletzt, aber die Liebe lebt ewig. Der Neurologe Detlef B. Linke gibt der Liebe sogar eine Bedeutung - nicht nur - für die medizinische Wissenschaft: „Wenn wir den Menschen nicht von der Liebe her deuten, werden wir vergebens in den Wissenschaften, welche weniger mit definitorischen Begriffen als vielmehr mit asymptotischen Funktionsdiagrammen arbeiten, nach objektiven Kriterien für die Bestimmung von Leben, Tod und Personalität suchen."[1]

Das bedeutet: Die inhärente Würde muss die akzidentelle Würde in sich aufnehmen und dabei verwandeln. Denn nur *die* Würde verdient ihren Namen, aus der sich dieses Würde-Verständnis ergibt: Auch einem Menschen, dessen Persönlichkeit im Prozess des Alterns und Sterbens zerfällt, kommt die gleiche Würde zu wie einem selbstständig Urteils-, Handlungs- und Kommunikationsfähigen. „Weder ein fortschreitender Zerfall der Persönlichkeit noch eine zunehmende körperliche Gebrechlichkeit beeinträchtigen die Würde und damit das Lebensrecht bzw. das Recht auf Lebensschutz eines Menschen in irgendeiner Weise."[2] Während infolge der kontingent begründeten akzidentellen Menschenwürde die Würde behinderter oder dementer Menschen leicht in Frage gestellt werden kann, lässt die als inhärent gedachte Würde, wie sie dem christlichen Lebensverständnis eingeschrieben ist, eine solche Infragestellung nicht zu. Denn auch die zerfallende und zerstörte Persönlichkeit ist eine von Gott geliebte und bejahte Person mit einer - wenngleich nach äußeren Maßstäben unsichtbaren und sehr konkreten „fremden" - Würde einer Person, die uns jede Form der Achtung und Anerkennung abnötigt. Erst wo die inhärente Würde des Menschen zur Grundlage und zum Maßstab gemacht wird, kann zur Geltung gebracht werden, was Immanuel Kant sinngemäß gesagt hat: „Würde ist der Wert, der keinen Preis kennt." Also darf kein Mensch, in welchem körperlichen oder geistigen Zustand er sich auch befinden mag, den Kriterien des Nutzens unterworfen werden.

---

[1] Detlef B. Linke: In Würde altern und sterben, Göttingen 1991, S. 71

[2] Heinz Rüegger, Würde, S. 42f

Mit dieser Verhältnisbestimmung von akzidenteller und inhärenter Würde wird die akzidentelle Würde nicht herabgesetzt. Gerade im Bereich des Gesundheitswesens und der Medizin mit ihren hohen Anforderungen an Kompetenz und Qualität gebührt der „Leistungswürde" Platz, Anerkennung und Recht. Eine Orientierung nur am Fragmentarischen darf ebenso wenig zur Idealvorstellung werden wie die Ideologie vollendeter Ganzheit und vollständigen Gelingens. Eine Orientierung an den Maßstäben inhärenter Würde und eine entsprechende Prioritätensetzung in medizinethischen Entscheidungskonflikten jedoch lässt einen unideologischen und realitätsgerechten Weg beschreiten. Das heißt konkret im Blick auf das Sterben, dass der manipulierende und kontrollierende Zugriff des Menschen dort seinen Sinn verliert und deshalb seine Grenze hat, wo er ohnehin seinen Meister findet: wo nämlich die andere Seite des Lebens mit Macht wieder ganz hervortritt und - wie einst bei der Geburt, nun aber umgekehrt - das Gegebensein des Lebens in seinem Genommenwerden erkannt und akzeptiert werden will. Im Tod wird die Grundrezeptivität des Daseins besonders offensichtlich.

Es ist unschwer zu erkennen, was das in einer Gesellschaft längeren Lebens für unsere sozialen Beziehungen am Lebensende und für unsere medizinischen und pflegerischen Einrichtungen bedeutet: Beziehungen sind aufrechtzuerhalten und zu pflegen, die Würde und die aus ihr fließenden Rechte sind unbedingt zu respektieren! In diesem Beziehungsgefüge bedeutet es aber auch, dass dort, wo der Sterbeprozess unumkehrbar eingesetzt hat, ein Mensch seinem ihm eigenen Sterben überlassen und dem Nahen des Todes nichts mehr entgegengesetzt wird.

Dieses ist die Weise, in der im Sinne inhärenter Würde das Selbstbestimmungsrecht zu achten, zu wahren und zu fördern ist. Allerdings, so sehr sich diese Grundhaltung von selbst zu verstehen scheint, so klar muss sie doch von einem anderen Gebrauch des Selbstbestimmungsrechts unterschieden und abgegrenzt werden. Seit einiger Zeit wird der Tod ja gar nicht mehr nur als bedrohlicher Feind bekämpft oder als unabänderliches Schicksal erduldet. Im Gegenteil, der Tod wird unter der Devise eines Rechts auf den „eigenen Tod", auf ein „würdiges" oder „selbstbestimmtes" Sterben geradezu eingefordert. Das Sterben wird verstanden als ganz und gar der Verantwortung des Menschen Anheimgegebenes und seiner uneingeschränkten Verfügungsmacht Unterstelltes bzw. zu Unterstellendes. Dazu nimmt wiederum Daniel Callahan pointiert Stellung: „Während der Tod seiner kollektiven Bedeutung beraubt wurde, wurde das Recht, die Umstände des Sterbens zu bestimmen, umso mehr hervorgehoben. Die Forderung nach Kontrolle und die Ablehnung eines Todes, wie er sich ereignet, wenn wir ihn geschehen lassen, ...sind für viele eine Leidenschaft geworden. Das einzige Übel, das größer scheint als der persönliche Tod, wird zunehmend der Verlust der Kontrolle über diesen Tod."[1] Diese These wird erhärtet durch das «death control movement», das es in den USA seit Jahrzehnten gibt, und in Deutschland und der Schweiz durch Vereine wie Dignitas bzw. Dignitate und Exitus sowie die Praktiken von Roger Kusch. Möglicherweise trifft das mutatis mutandis auch auf die belgische und niederländische Praxis einer gesetzlich zwar eng eingegrenzten, aber doch zugelassenen Euthanasie zu.

„Death control, like birth control, is a matter of human dignity. Without it persons become puppets." (Joseph Fletcher) So wurde es in den USA schon 1969 formuliert. Im Jahr 2007 konstatiert Reimer Gronemeyer: „Der Irrweg, der in der stärker werdenden Kontrolle des Lebensendes liegt - bis hin zur geplanten (Selbst-)Tötung – ist vielleicht überhaupt darin zu finden, dass noch einmal die Schwäche des irdischen Menschen geleugnet werden soll: Er will sich selbst noch im Sterben triumphierend als den Handelnden erleben."[2] Kann so ein Leben abgeschlossen werden oder wird es so nur ausgeschaltet?

Hinsichtlich der Frage nach dem Sterben in Würde gibt es „keine zwingende Korrelation zwischen einer Kontrolle über den eigenen Tod und der Würde dieses Sterbens". Der Kontrollverlust über unser Leben ist nämlich keineswegs schon der Verlust unseres Selbst. Dem füge ich aus der Sicht des christlichen Lebensverständnisses hinzu: Die inhärente Würde ist eine *nutzlose Würde* - nutzlos, weil sie außerhalb jeden Nutzenkalküls steht, so weit entfernt davon, dass sich meine Würde

[1] Daniel Callahan: Nachdenken über den Tod, München 1998, S. 43 - nächstes Zitat: S. 155

[2] Reimer Gronemeyer, a. a. O., S. 276

auch meiner Handlungsmacht und Verfügungsgewalt entzieht, weil sie vor und unabhängig von ihr besteht. Von daher kritisiere auch ich das - gar nicht so - verborgene Credo des modernen Menschen der Planbarkeit und Machbarkeit von allem. Es scheint zu einer Zwangsidee geworden zu sein, von der auch ich auf mancherlei, wenn auch nicht der folgenden Weise erfasst bin: „Lass nichts auf dich zukommen, und wenn du schon sterben musst, nimm auch dem Tod präventiv seine Handlungsmacht, indem du ihm zuvorkommst." Wer so denkt oder handelt, fügt sich - auch ungewollt - aber erst recht und ganz und gar den Gesetzen des Todes, indem er zum Tötenden wird. Dann siegt die akzidentelle über die inhärente Würde, deren Dienerin sie doch eigentlich sein soll.

Wie entkommen wir dieser Falle? Das ist schwer, denn nicht selten sprechen die Vernunft und das Mitleid für eine «aktive Sterbehilfe», für Tötung auf Verlangen oder Beihilfe zur Selbsttötung. Die Zahl der Fürsprecher zumindest für eine gesetzlich streng eingegrenzte ultima-ratio-Lösung könnte wachsen. Denn in einer nur an den Folgen orientierten Ethik wird kein Unterschied mehr gesehen zwischen dem aktiven, direkten Töten bzw. dem Beistand dazu und dem passiven, aber eben bewusst in Kauf genommenen Sterbenlassen oder dem indirekten Einwirken auf den Sterbeprozess, z. B. durch Abschalten eines Beatmungsgerätes oder hoher Gaben von Schmerzmitteln. Auch bei einem solchen Therapiewechsel und wozu immer wir uns entscheiden, wir stehen in einem Konflikt und bleiben einem anderen Menschen, der auf uns angewiesen ist, etwas schuldig. Der Grat, auf dem wir uns längst befinden und auf dem wir weiter wandern werden, ist äußerst schmal. Gleichwohl ergeben sich aus dem bisher Dargelegten Einsichten und Maßstäbe für ein verantwortbares Handeln, die wir zu den Grundlagen eines würdevollen Lebens und Sterbens rechnen dürfen und die damit die Grundannahmen unserer Humanität bilden:

▷ Erstens die Einsicht, dass wir uns *nicht* mehr *nicht* entscheiden können. Sterben ist, in welcher Weise auch immer, weithin vom Menschen bestimmtes Sterben geworden, hinsichtlich Ort, Zeitpunkt und Art! Wir können die gesellschaftliche und medizinische Entwicklung nicht umkehren. Also wird unser Leben länger, damit unser Sterben. Umso mehr müssen wir das gestiegene und weiter steigende Maß an Verantwortung noch tragbar und gestaltbar machen. Die Frage ist, wie wir damit umgehen, am Verfügen über das letztlich Unverfügbare beteiligt zu sein, wie es schon im Mandat zum „Bebauen und Bewahren" (1. Mose 2,15) uns aufgetragen ist.

▹ Dazu wird zweitens die Einsicht nötig sein, dass der Mensch grundsätzlich nicht verbesserungs-, sondern *vergebungsbedürftig* ist, was auch heißt: erlösungsbedürftig. Eine solche Einsicht entlarvt alle Bestrebungen zur Optimierung und Perfektionierung des Menschen als letztlich inhumane Ideologie, macht aber die Notwendigkeit konkreter Hilfe im Einzelfall umso deutlicher. Gleicherweise beharrt sie auf der notwendigen Unabgeschlossenheit jeder menschlichen Selbstdefinition!

▹ Drittens die Einsicht, dass zu einem menschlichen Leben nun einmal eine Grundpassivität bzw. -rezeptivität gehört. Ohne sie gibt es keine Humanität, weil der Mensch, der sich eindimensional auf seine Vernunft, seine Fähigkeiten und sein Handeln stützen, der der Macher seines Lebens sein und Sinn durch Effektivität und Rentabilität ersetzen will, ein halbierter Mensch ist. Der eindimensionale Mensch übersieht, wie sehr er von dem lebt, was allen Planzwecken vorausliegt und jeden Handlungssinn übersteigt.

▹ Nehmen wir - viertens - diese Grundpassivität wahr und üben wir sie ein, wachsen uns andere, neue Möglichkeiten zu: die *pathischen Kräfte* entfalten sich, also die Kräfte des Hinnehmens und des Lassens. Gerade sie sind Ausweis von Freiheit und Autonomie, ist doch frei und autonom nur, wer sich selbst begrenzen kann. Solche Selbstbegrenzung bedeutet aber keineswegs nur Verzicht. Sie lässt die schöpferischen Kräfte des Bestehens von Leid und der Geduld, die der lange Atem der Leidenschaft genannt werden darf, erfahren und auch die Erfüllung, die in einem bewussten, oft nach viel Missverständnissen und Streit doch in Einvernehmen, ja, in Liebe vollzogenen Abschied erlebt werden kann. Die *pathische Lebensoption* bedeutet, den medizinisch-technologischen Imperativen nicht bzw. nur bedingt und auf jeden Fall sehr bedacht zu folgen. Dabei wird es nötig und hilfreich sein, das nach Daniel Callahan oberste Medizinziel zu beachten, „dass Fürsorge die grundlegendste Wertvorstellung der Medizin ist, diejenige, die normalerweise immer Priorität haben sollte und die am Ende immer unverzichtbar ist."[1] Ich erinnere daran, dass die Worte «Therapie» und «Therapeut» sich vom griechischen ‚therapeuein' herleiten - und das heißt zunächst einmal „dienen, aufwarten, jmd. freundlich behandeln, (ver)ehren, zu gewinnen suchen", von diesem Bedeutungshorizont her ist es dann zum terminus technicus geworden für „(Kranke) behandeln, heilen, kurieren", doch stets mit der Konnotation von „pflegen, sorgsam in Acht nehmen".

▷ Eine wichtige Voraussetzung dafür ist fünftens, was sich aus der als inhärent verstandenen Würde ergibt, nämlich die Korrelation zwischen Handlungsfähigkeit und Autonomieausübung einerseits und andererseits der an sie gekoppelten Würdeauffassung als falsch zu erkennen und aufzulösen. Im Blick auf die Medizin berufe ich mich, wie eingangs schon angedeutet, wiederum auf Daniel Callahan: „Die Medizin kann die *Qualität* des Lebens erhöhen, nicht seinen Wert. Mit genau der gleichen Begründung darf man sagen, dass Medizin die Qualität des Lebens beeinträchtigen kann, aber nicht den Wert des Lebens. Der Irrtum liegt darin zu denken, dass medizinisches Wissen unweigerlich das Leben verbessert und damit der natürliche Retter der Heiligkeit des Lebens ist. Es ist keineswegs automatisch und unausweichlich, dass die Medizin das Leben verbessert; sie kann das oder kann es nicht, je nachdem, wie sie eingesetzt wird."

▷ Dazu gehört sechstens, Abschied zu nehmen von der vorherrschenden Orientierung des Gesundheits- und Autonomieverständnisses an den Leistungs- und Vernunftfähigen, den Selbstständigen und Selbstbewussten. Wer aber erkennt, wie Autonomie sich erst entwickeln kann in einem Bedingungs- und Beziehungsgefüge, dessen Grundbestand der sich seiner Handlungsmacht Bewusste nicht selbst zu garantieren vermag, wird realitätsgerechter von *relativer Autonomie* sprechen. Sie konkretisiert sich in derjenigen *Souveränität*, die sich ihres Angewiesenseins auf andere ebenso bewusst ist wie des Grundsatzes, dass der Blick für das Leid der anderen Bedingung aller Kultur ist. Souverän ist nicht der Mensch, der gegen alle

[1] Daniel Callahan, a. a. O., S. 257 - nächstes Zitat: S. 107, siehe auch S. 5. D. C. verwendet den Ausdruck "Heiligkeit des Lebens" übrigens als, wie er selbst bekundet, unreligiöser Mensch.

Abhängigkeiten angeht und seine Selbstbestimmung bis zum Äußersten und Letzten ausdehnen will. Souverän ist der Mensch, der, ohne darin seine Freiheit beeinträchtigt und sein Selbstbewusstsein gefährdet zu sehen, sich etwas geschehen lassen kann, der Abhängigkeiten erträgt und Grenzen eingesteht. Darin können die schöpferischen Kräfte ebenso wahrgenommen werden wie in einer bewussten Lebensbilanz und einem, wie eben geschildert, bewussten Abschied.

▹ Siebtens bedeutete die damit gewonnene Souveränität, den Zwang zum Gelingen hinter sich zu lassen. Die Schriftstellerin Christa Wolf lässt ihre Kassandra sagen: „Wenn ihr aufhören könnt zu siegen, bleibt diese Stadt bestehen." Darum ist es gut, sagen zu können: „Ich muss mir nicht gelingen, am wenigsten im Sterben." Darum gehört es zur Würde im Sterben, sich seine Selbstständigkeit möglichst lange zu bewahren, aber auch Hilfe anzunehmen, sich vom Tunmüssen befreit zu wissen, wenn man etwas nicht mehr kann. Hilfe empfangen zu müssen statt handeln zu können, macht nicht unwürdig, sondern gehört zum Kernbestand einer recht verstandenen und wahrgenommenen Würde. Denn der Mut zum Sein hat zwei Komponenten: den Mut zur Veränderung und den Mut zur Endlichkeit.

Persönlich denke ich freilich, wahrer Mut zum Sein erfüllt sich erst im Mut zur Endlichkeit. Denn erst der Mut zur Endlichkeit wird mir zu einem würdigen Sterben helfen. Was keineswegs heißt, bedeute allemal christliches Sterben unbedingt angstfreies, angstloses Sterben, es kann aber, wenn Gott Gnade gibt, ein Sterben sein, das die Angst besteht. Wenn Gott Gnade gibt - darunter verstehe ich: Wenn Gottes Geist uns inmitten aller Desintegration und Dezentriertheit, die Sterben und Tod bedeuten, so erfasst, dass dennoch die Integration und Zentrierung unseres Selbst gewahrt bleiben. Das geschieht, wenn wir in der Kraft des Glaubens, der Hoffnung und der Liebe erkennen, dass auch im Tod Gott uns entgegenkommt, wie er im Tod Jesu Christi immer schon bei uns war und ist.

Was folgt aus alledem hinsichtlich der von mir vorhin geäußerten Wünsche im Blick auf mein Sterben? Sie müssen nicht alle in Erfüllung gehen. Sie werden es auch nicht. Doch davon bleibt die Würde meines Sterbens unberührt. Was oder wer sollte mir auch meine Würde nehmen, da ich sie von Gott zugeeignet bekommen habe und sie mir deshalb unverlierbar eigen ist?!

Das heißt zugleich: Aus dem Selbstbestimmungsrecht darf kein Selbstbestimmungszwang werden. Es gehört zu meinen Lebensrechten und -pflichten, mein Sterben, soweit ich es vermag, selbstständig zu gestalten, aber ich muss nicht jeden tatsächlichen oder vermeintlichen Rechtsanspruch einfordern. Letzten Endes ist Fürsorge die Voraussetzung für Selbstbestimmung. Dann, so hoffe ich, werde ich auch andere gehen lassen können, wie *sie* diese Welt verlassen wollen. Diese Anderen haben umgekehrt allerdings kein Recht, an mich Ansprüche zu stellen, für deren Erfüllung ich meine ethischen Grundsätze über Bord werfen müsste. Das schließt allerdings Dilemmasituationen nicht aus, in denen ein ethischer Grundsatz gegen den anderen steht und ich mich entscheiden muss; aber diese Situationen sind Ausnahmen und sollten nicht durch Gesetze auf eine allgemeine Ebene gehoben und ihrer Besonderheit entkleidet werden. An die Menschen denkend, die ich in ihrem Sterben begleiten durfte, kann ich nur sagen: Wäre ihr Leben durch äußere eine Tötung auf Verlangen oder eine Beihilfe zur Selbsttötung beendet worden, wäre es kein am Ende doch friedliches Sterben gewesen. Ihrem Leben hätte diejenige Erfüllung gefehlt, die in aller Unerfülltheit menschlichen Daseins möglich ist und dankbar macht. Es gibt erfülltes Leben trotz unerfüllter Wünsche.

5. „Gestützte Selbstbestimmung"

Diesen Abschnitt beginne ich, indem ich noch einmal den Gedanken des Muts zur Endlichkeit aufnehme. Dazu zitiere ich - etwas ausführlicher - Fulbert Steffensky aus seinem gleichnamigen Essay: „Gegen den Totalitätsterror möchte ich die gelungene Halbheit loben. Die Süße und Schönheit des Lebens liegt nicht am Ende, im vollkommenen Gelingen und in der Ganzheit. Das Leben ist endlich, nicht nur weil wir sterben müssen. Die Endlichkeit liegt im Leben selber, im begrenzten Glück, im begrenzten Gelingen, in der begrenzten Ausgefülltheit. Hier ist uns nicht versprochen, alles zu sein. Souverän wäre es, die jetzt schon mögliche Güte des Lebens anzunehmen und zu genießen; das Halbe also nicht zu verachten, nur weil das Ganze nicht möglich ist. Souverän wäre es, den Durst nach dem ganzen Leben nicht zu verlieren; um es religiös auszudrücken: das Land nicht zu vergessen, in dem auch der Blinde sieht, der Stumme seinen Gesang und der Lahme seinen Tanz gefunden hat. Wenn man in dieser Weise der Endlichkeit fähig wäre, dann brauchte die eigene Bedürftigkeit, Schwäche, vielleicht sogar die Todesnähe nicht in Chaosängste zu stürzen. Wenn man der Endlichkeit fähig wäre, dann würde das beschädigte Leben von anderen nicht so maßlos irritieren. Wer nur Ganzheiten erträgt, gerät in Panik, wenn er die Lebensverletzungen wahrnimmt. ... Gnade denken heißt, den Mut zum fragmentarischen Handeln zu finden; nicht unter beruflichen Siegeszwängen zu stehen. Ich schaue mit Laienblick auf die Ärzte und Pfleger, die Ärztinnen und Pflegerinnen, die mit Sterbenden umgehen. Sind sie fähig, das Sterben eines Menschen nicht als eigene Niederlage zu betrachten? ... Vielleicht ist es besonders schwer sich einzugestehen, dass man nichts mehr machen soll, wo man nichts mehr machen kann."[1]

Auf dem Hintergrund dieses Zwischenrufs beziehe ich im Blick auf die aktuelle Diskussion um die Aufgaben und Ziele der Medizin und das Thema „Sterbehilfe" bzw. „Euthanasie", wie die Bezeichnung außerhalb des deutschsprachigen Raums lautet, in folgender Weise Stellung:

- In Medizin und Pflege sollte neben der kurativen Medizin gleichberechtigt die palliative Medizin zur Geltung gebracht und die hospizliche Pflege ausgebaut werden (finanzielle Förderung z. B. von Palliativstützpunkten; multi-professionelle Teams einschl. Ehrenamtlicher). In diesem Zusammenhang stimme ich einem Leitmotiv der Hospizbewegung zu, ab einem bestimmten Zeitpunkt sei es wichtiger, den Tagen mehr Leben statt dem Leben mehr Tage zu geben. Dabei darf für alle, die im Hospizdienst tätig sind, ebenso gelten, dass sie sich nicht Idealvorstellungen vom gelingenden, getrösteten, guten Sterben zu unterwerfen brauchen. Es gehört zu den spezifischen Aufgaben von Menschen, die christliche Seelsorge ausüben, das „untröstlich Ungetröstete" (Andrea Peschke), das sich jedem Verstehen, jedem Sinn, der ihm nur angedichtet werden könnte, entzieht, an- und auszusprechen und - vor Gott - mit Sterbenden und allen, die ihnen beistehen, auszuhalten.

---

[1] Fulbert Steffensky: Mut zur Endlichkeit, Stuttgart 2007, S. 21f, 23, 25f

‣ Die moderne Medizin sollte sich von einer an der «Krankheit» zu einer am erkrankten Menschen orientierten weiterentwickeln. Die Medizin wird dann auch noch weiter verbesserte Schmerztherapien etablieren. Denn so wenig es Leben ohne Schmerzen gibt, können und sollten „unerträgliche" Schmerzen doch weitestgehend gelindert werden; dabei stellt die „terminale bzw. palliative Sedierung" einen Grenzfall dar.[1]

‣ Im wohlverstandenen Interesse des Patienten liegt stets ein menschenwürdiges Weiterleben. Wo medizinische Eingriffe aber nur eine Verlängerung des Sterbens bedeuten, ist ein Therapiewechsel hin zu einer *Hilfe im Sterben* angezeigt und im Sinn „passiver" und „indirekter Sterbehilfe" standesrechtlich und nach höchstrichterlicher Rechtsprechung erlaubt. Der Verzicht auf oder der Abbruch von Therapien („passive Sterbehilfe") sowie eine Schmerzbekämpfung mit möglichen lebensverkürzenden Folgen („indirekte Sterbehilfe") gehören inzwischen zum Standard einer «good clinical practice». Umso deutlicher ist eine Hilfe zum Sterben abzulehnen. Es kann immer nur um eine *Lebenshilfe beim bzw. im Sterben* gehen.

Für das Nicht-Mehr-Aufhalten-Müssen des Sterbeprozesses hat Daniel Callahan zwei Akzeptanzkriterien genannt: „Der Tod kann akzeptiert werden, wenn er an einem Punkt im Leben eintritt, an dem 1. weitere Anstrengungen, ihn aufzuhalten, den Prozess des Sterbens deformieren würden, oder wenn 2. die biologische Unausweichlichkeit des Todes im Allgemeinen und der Zeitpunkt und die Umstände des Todes im Leben eines Individuums annehmbar zusammentreffen. Diese zwei Standards", so führt er weiter aus, „setzen jedoch nicht voraus, dass es einen perfekten Augenblick für den Eintritt des Todes gibt, das ist sicherlich eine unnötige Fiktion. Es ist lediglich notwendig, dass der Gedanke möglich ist, der Tod sei in einem annehmbaren *Bereich* von Möglichkeiten eingetreten."[2] Näherhin nennt Daniel Callahan vier Fälle, die die gegenwärtige Verpflichtung zur

---

[1] Siehe Gerald Neitzke / Frank Oehmichen / Hans Joachim Schliep / Dietrich Wördehoff: Sedierung am Lebensende - Empfehlungen der AEM-AG ‚Ethik am Lebensende', in: Ethik in der Medizin 2 / 2010, S. 139-147

[2] Daniel Callahan, a. a. O., S. 211f, differenzierter S. 247

Behandlung nach seinem Dafürhalten zurückzunehmen erlaubten, womit er kein „Du musst", sondern „Du darfst" meint:

1) Die Wahrscheinlichkeit - nicht die völlige Gewissheit -, dass aufgrund eines ungünstigen Krankheitsverlaufs der Tod eintreten wird, wie sie z. B. bei älteren Patienten im Versagen von mehr als einem Organ gegeben ist.

2) Die Wahrscheinlichkeit, dass eine verfügbare Therapie für eine potentiell zum Tode führende Erkrankung Schmerzen und Leiden steigern würde.

3) Die begründete Annahme, dass auch eine „erfolgreiche" Behandlung einer einzelnen Erkrankung eher eine verlängerte Bewusstlosigkeit oder ein Fortschreiten einer Demenz als eine Heilung oder deutliche Besserung zur Folge haben würde.

4) Die durch die verfügbare Therapie erhöhte Wahrscheinlichkeit eines schlimmen Todes, auch wenn zunächst eine Lebensverlängerung erzielbar ist.

Diese differenzierte Sicht kann davor bewahren, mit dem Tod bzw. dem Sterben bloß wie mit einer chronischen Krankheit umzugehen, aus dem Leben ein Nichtsterben werden zu lassen: aus der Lebensverlängerung eben nur eine Sterbeverlängerung und damit einen Selbstzweck zu machen. Denn als Selbstzweck wäre Lebensverlängerung eher eine Verdrängung des Todes und wohl eine schlechte Form der Unendlichkeit.

Wie lässt sich diese schlechte Form der Unendlichkeit vermeiden? Detlef B. Linke nennt dazu die wohl entscheidende Voraussetzung: „Nicht die Gerätemedizin, sondern die Angst vor dem Tod, in deren Namen sie erstellt wird, gilt es zunächst zu bewältigen."[1]

In diesem Zusammenhang ist auch eine Stellungnahme nötig zu der philosophisch-medizinethischen Kontroverse, ob denn überhaupt ein Unterschied zwischen dem Handeln und dem Unterlassen bestehe. Die Grenzen sind fließend, zumal wir auch beim bewussten Unterlassen unser Wissen nicht ausschalten können. Die Folgen, nämlich der Tod, das Aufhören der Manifestation eines menschlichen Selbst, sind gleich. Ein Therapiewechsel ist alles andere als ein

---

[1] Detlef B. Linke, a. a. O., S. 76

Nichthandeln, zumal bei einer ‚terminalen Sedierung'. Gleichwohl halte ich an der Unterscheidung zwischen Tun und Lassen bzw. zwischen aktiv und passiv bzw. zwischen direkt und indirekt fest.[1] Zur Begründung beschränke ich mich jetzt auf wenige Argumente:

Dass zu einem bestimmten Zeitpunkt der Arzt, wie man so sagt, „einfach nichts mehr machen kann" und „die Natur nun ihren Lauf nehmen wird", zeigt allemal den grundlegenden Unterschied zwischen dem Lassen im Sinne des Zulassens bzw. Nichtmehraufhaltens des Sterbens und einem vorausgeplanten aktiven Töten oder einer Beihilfe dazu zu einem bestimmten Zeitpunkt an einem bestimmten Ort auf eine bestimmte Weise. Die tödliche Injektion beendet das Leben des Kranken ebenso wie das des Gesunden. Der Behandlungsabbruch führt nur beim Sterbenskranken zum Tod, nicht bei einem Gesunden. Insofern gibt es eine unbestreitbare Differenz in der Kausalität. In dem einen Fall ist der Arzt der unmittelbar Verursachende, in dem anderen Fall handelt er aufgrund einer ihm vorgegebenen und sein Handeln in hohem Maß beeinflussenden ihm äußerlichen Ursache.

Insofern - jetzt ist die Betonung besonders wichtig: Insofern - gibt es, so sehr sie immer durchmischt sind und so schwierig es ist, sie rechtserheblich zu beurteilen, eine Differenz der Intentionen. Sicher ist das „Prinzip der Doppelwirkung" (bei Thomas von Aquin: actus duplex effectus) - eine Handlung ist ethisch akzeptabel auch bei schwerwiegenden, zum Tod führenden Nebenfolgen, wenn diese unbeabsichtigt oder unvorhersehbar waren - fragwürdig, namentlich wenn es als vorschnelle von Bedenken entlastende oder gar generelle von Schuld befreiende moralische Legitimation missbraucht wird. Dennoch kann es, recht verstanden, das Bewusstsein dafür wachhalten, dass kein menschliches Handeln frei von unerwarteten und unbekannten Folgen ist, ihm also mindestens eine Tragik anhaftet. Den Vorwurf eines „Physikalismus", „Biologismus" oder „Naturalismus", der gegenüber dieser Argumentation häufig erhoben wird, scheue ich nicht. Denn welchen Sinn und Wert kann ein solcher Vorwurf haben, wenn es doch eine unhintergehbare, unentrinnbare Naturgegebenheit ist, dass das Leben zu einem

[1] Ein detailliertes Abwägen bei Markus Zimmermann-Acklin: Euthanasie, Fribourg 2002.

bestimmten Zeitpunkt ohne eigenes Zutun beginnt und zu einem anderen Zeitpunkt, ohne dass der Mensch auch dazu etwas tun müsste, in jedem Fall erlischt?! Auch ich rate zu äußerster Vorsicht hinsichtlich des Schlusses vom Sein auf das Sollen, aber er muss im Ergebnis nicht in jedem Fall ein naturalistischer Fehlschluss sein. Gerade das Recht auf Selbstbestimmung baut auf einer unhintergehbaren Grundbestimmung des Menschseins auf.

Irrational ist diese Überlegung ebenfalls nicht, muss doch alle Vernunft, will sie tatsächlich sein, was sie zu sein beansprucht, mit der Unterscheidung zwischen Gegebenem und daraus zu Gestaltendem beginnen.[1]

‣ Aus dem *Recht auf* Leben lässt sich *keine Pflicht zum* Leben ableiten. Und zum Kernbestand der Menschenwürde gehört das «Recht auf Selbstbestimmung». Aus dem folgt zwingend, dass keine Behandlung an einem Menschen vorgenommen wird, die er ablehnt. Nicht jedoch folgt daraus, dass jegliches Ansinnen eines Kranken oder Sterbenden an andere von diesen zu befolgen wäre (z. B. Tötung auf Verlangen, ärztlich assistierter Suizid). Die „aktive" bzw. „direkte Sterbehilfe" wäre eine gezielte und unmittelbare Tötungshandlung. Es wäre ein unerträglicher Widerspruch in sich, den Menschen, dem die Zuwendung gilt, aus dem Raum dieser Zuwendung zu entfernen bzw. jemandem beistehen zu wollen, indem man die Beistandsmöglichkeit als solche ab einem vereinbarten Zeitpunkt X abschafft. Müsste man dann sogar von dem Versuch sprechen, das Leiden beseitigen zu wollen, indem man den Leidenden beseitigt? Das wäre zumal im Blick auf den, der nach Tötung verlangt, weil er es nicht mehr aushält, sicher viel zu hart geurteilt - und das auf einem Gebiet, das zwar eine wohlbegründete Moral, aber keine Moralisierung verträgt. Doch so nachvollziehbar im Einzelfall Wünsche auf Beihilfe zum Suizid - als solche in Deutschland, sofern sie nicht eine unterlassene (ärztliche)

---

[1] M. E. haben wir es bei allen Versuchen, z. B. Personalität und Menschsein zu ent- und die Würde an Eigenschaften wie Wahrnehmungs-, Urteils- und Handlungsfähigkeit zu koppeln, im Kern mit einem modernen gnostischen Dualismus zu tun, wie er ähnlich schon im Doketismus und Manichäismus auftrat. Demgegenüber ist im Sinne von F. D. E. Schleiermacher festzuhalten (frei zitiert): „Es gibt keine Form des Bewusstseins, die nicht zugleich mit ihrer Leiblichkeit auftreten könnte." - Zu „Leiblichkeit" vgl. namentlich Burkhard Liebsch.

Hilfeleistung darstellt, weder strafbar noch erlaubt - sind, würde eine ausdrückliche gesetzliche Erlaubnis der Hilfe zur Selbsttötung sowohl die ärztliche Garantenpflicht aushöhlen als auch unser Normsystem der Priorität des Lebens vor dem Tod in sein Gegenteil verkehren als auch durch seine Generalisierung den Einzelfall in sich entwerten; auch dieses widerspräche der Menschenwürde.

Weiterhin ist zu beachten, was eben schon anklang: Das Selbstbestimmungsrecht ist in seinem Hauptsinn ein Abwehrrecht. Als Recht freier Selbstgestaltung hat es seine Grenze an Freiheit und Recht der anderen Menschen. Wichtig für eine Urteilsfindung in dieser schwierigen Frage ist vor allem die Unterscheidung zwischen der individual- und der sozialethischen Perspektive. Was in individualethischer Perspektive als allerpersönlichste Entscheidung und in seelsorglicher Hinsicht ohnehin geachtet werden muss, weil eine ausweglose Notlage, z. B. als unerträglich empfundene Schmerzen, nur aus der Binnensicht individuellen Erlebens beurteilt werden kann, kann bei grundlegenden und die ganze Gesellschaft angehenden ethischen Fragen durchaus keine gleichsinnige Gesetzgebung erzwingen. So dient es z. B. gerade dem Einzelfall, der keine Generalisierung verträgt, wenn der Rechtsbegriff des «rechtfertigenden Notstands» bis auf wenige Grundzüge in seinen Einzelheiten unbestimmt bleibt. Ebenso ist darauf zu achten, dass ein Gesetz wirklich allgemein anerkannten und mehrheitsfähigen Wertvorstellungen zu entsprechen hat, die nach wie vor und unbestritten im Grundgesetz ihren gültigen und maßgebenden Ausdruck gefunden haben; danach sind Tötungshandlungen an das staatliche Gewaltmonopol gebunden und als solche immer nur eine ulti(ssi)ma ratio. Desgleichen wäre unbedingt zu vermeiden, dass sich gleichsam unter der Hand und schleichend der Rechtfertigungszwang umkehrt und nun das Weiterleben eines Menschen - unter welchen Bedingungen auch immer, bis zuallerletzt - begründungspflichtig wird. Ich kann nur dem früheren Bundespräsidenten Johannes Rau Recht geben: „Wo das Weiterleben nur eine von zwei legalen Optionen ist, wird jeder rechenschaftspflichtig, der anderen die Last seines Weiterlebens aufbürdet." Wenn sich, zumal bei zunehmendem Kostendruck, vom Rechtssystem gestützte gesellschaftliche Selbstverständlichkeiten durchsetzten, die Tötungs- oder auf sie bezogene Beihilfehandlungen zur unhinterfragten Normalität werden ließen, wäre unsere Gesellschaft ganz von dem Kontrollwahn, der unter seine Handlungsmacht und Verfügungsgewalt selbst das zwingen will, was gerade das Ende allen menschlichen Handelns bedeutet: der Tod, besessen; auch das ist eine Spielart von Totalitarismus. Und niemand kann wollen, dass sich der Tod *auf* Verlangen in den Tod *ohne* Verlangen verwandelt.

Darum widerspreche ich allen Überlegungen und Bestrebungen, ein Recht der Tötung auf Verlangen bzw. Beihilfe zur Selbsttötung, z. B. ärztlich assistierten Suizid, zu kodifizieren und ausdrücklich straffrei zu stellen. Vielmehr komme ich, auch wenn das im Blick auf den Einzelfall als Härte empfunden werden wird, zu dem Schluss, dass individuelle Not schwerlich eine Notwendigkeit zu einer generellen Gesetzgebung hinreichend begründen kann. Es besteht ja auch eine Verantwortung des Menschen gegenüber anderen bis zuletzt. Zudem darf nicht unbeachtet bleiben, dass das Verlangen nach Getötetwerden als ein Hilfeschrei eines Menschen, der so nicht leben kann, aufzufassen ist und er damit nach besonders intensiver Lebenshilfe im Sterben verlangt, doch nicht wirklich danach, getötet zu werden. Dieser namentlich von Wilfried Härle vertretene Aspekt verdient grundsätzliche Beachtung, wenngleich er nach meiner Erfahrung im Konkreten immer eine Vermutung bleibt. In allem Abwägen bleibe ich dabei: Die absichtsvoll und zielgerichtet herbeigeführte Lebensbeendigung nimmt den Tod vor dem Tod vorweg und zwingt den Tod „künstlich" vor dem Ende des individuellen Sterbevorgangs herbei. Demgegenüber würde erst das in bewusster Hin- und Annahme gestaltete Sterben, das sich, wenn eine bewusste Gestaltung nicht mehr möglich sein sollte, auch als Sich-dem-Sterben-Überlassen vollziehen kann, bedeuten, dem Tod nicht einfach den Nacken, sondern die Stirn zu bieten. Zu akzeptieren, was nicht geändert werden kann, das macht wirklich stark und stärkt die Kräfte zum Ändern dessen, was geändert werden kann und muss.

‣ Ist eine Patientenverfügung, also eine Vorabverfügung für eine vorausgedachte Situation verlorener Äußerungs- und Handlungsfähigkeit, eine Lösung? Sie empfiehlt sich vor allem als Kommunikationsmedium in der Familie, mit anderen vertrauten Menschen und Vertrauenspersonen und mit dem behandelnden Arzt zur Klärung der persönlichen Einstellung zu Leben und Sterben. Auch unabhängig von einer Patientenverfügung sind derartige Gespräche wichtig, damit später, wenn es notwendig ist, der mutmaßliche Wille eines Patienten einigermaßen zutreffend ermittelt werden kann. Bei der Patientenverfügung besonders wichtig ist die Bestellung eines Vorsorgebevollmächtigten, der eine Vertrauensperson sein sollte. Ebenso ist es begrüßenswert, wie der Bundesgesetzgeber ab 1.9.2009 das Selbstbestimmungsrecht durch gesetzliche Absicherung von Patientenverfügungen mit Vorsorgevollmacht und Betreuungsverfügung rechtlich gestärkt hat. Zugleich wird deutlich, dass es immer nur eine relative Autonomie geben kann, also keine uneingeschränkte Ausübung des Selbstbestimmungsrechts, sondern stets nur eine *„gestützte Selbstbestimmung"* (Reiner Anselm). Konkret ist nämlich eine Balance zwischen Selbstbestimmung des Patienten und Fürsorgepflicht des Arztes zu wahren, und bei einer Vorsorgevollmacht überträgt man faktisch seinen persönlichen Willen auf eine andere Person. In diesem Zusammenhang stellen sich klärungsbedürftige Fragen wie z. B. diese: Ist angesichts möglicherweise sich ändernder Kenntnisse, Erfahrungen und Empfindungen eine Vorabfestlegung überhaupt möglich, sinnvoll und ratsam? Wie präzise muss und kann die Angabe der erwünschten und der nicht-erwünschten Therapien sein? Welchen Wert wird sie aufgrund längerer praktischer Handhabung tatsächlich haben? Zur Wahrnehmung des Selbstbestimmungsrechts gehört heute wie nie zuvor, für sich selbst die Fragen zu klären: Wer bin ich und wie möchte ich sterben? Es geht um «Treue» zu sich selbst - die aber auch «Umkehr» von seinem bisherigen Weg, das Entdecken neuer Lebensmöglichkeiten und ein erweitertes, tiefer gegründetes Lebensverständnis und Weltverhältnis bedeuten kann.

Weil Patientenverfügungen gelegentlich in übertriebener Weise als *das* probate Mittel zur Ausübung des «Rechts auf Selbstbestimmung» hingestellt werden, spreche ich an dieser Stelle einen wichtigen Punkt an: Es ist durchaus möglich, sein Selbstbestimmungsrecht in der Weise wahrzunehmen, indem man sich anderen Menschen, z. B. Ärzten und Pflegenden, anvertraut. Solches Menschen- und besser noch Gottvertrauen ist durchaus kein Verzicht auf das «Recht auf Selbstbestimmung», sondern nur eine besondere Form, es zu gestalten. Es kann durchaus ein Akt der Treue zu sich selbst sein. Jedenfalls ist ein Zwang zur - in einem vordergründigen Sinn - Selbstbestimmung nach unserer Rechtsordnung ebenso fehl am Platze wie ihre Verweigerung.

In einem grundsätzlichen Sinn wäre gerade auf dem besonders sensiblen Gebiet einer Ethik am Lebensende auf das zu achten, worauf Judith Butler in ihren Frankfurter Adorno-Vorlesungen 2002 unter dem Titel „Kritik der ethischen Gewalt" hingewiesen hat: Auch der Zwang zur Verantwortung und zum moralischen Handeln kann ins Totalitäre umschlagen, wenn wir das „ethische Scheitern" übersehen und unterschlagen, statt es in seinem Wert für die Ethik anzuerkennen und in die ethische Reflektion einzubeziehen.

Meine Positionierung in der aktuellen medizinethischen und rechtspolitischen Debatte dürfte sich gut vertragen mit einem Kernsatz aus der gemeinsamen Erklärung der christlichen Kirchen „Gott ist ein Freund des Lebens": „Die Überzeugung, dass letztlich nicht eigene Qualitäten, sondern Gottes Annahme und Berufung dem Menschen Gottesebenbildlichkeit und damit seine Würde verleihen, muss sich gerade gegenüber dem kranken, behinderten und sterbenden Leben bewähren. Alles andere ist Götzendienst gegenüber dem Vitalen, Starken und Leistungsfähigen."[1] Wo aber das Gesetz der Vitalität regiert, lauert die Gefahr, dass man um jeden Preis und also verzweifelt entweder man selbst oder nicht man selbst sein will. Derartige Versuche, die irgendwann in die Verzweiflung führen (müssen), fielen unter Sören Kierkegaards Verständnis von „Sünde", die für ihn recht eigentlich „Verzweiflung" ist. Umso mehr gilt festgehalten zu werden: *Selbstbestimmung - zumal am Lebensende - ist aus christlicher Sicht positiv zu bewerten, wenn sie die Abhängigkeit von der eigenen Leiblichkeit, von der Fürsorge anderer Menschen und von Gott beinhaltet und bejaht.* In diesem Sinn ist gerade das Ertragen von „Schwäche" wahre „Stärke". Und mutatis mutandis gilt für den Tod dasselbe wie für den Schmerz: „Dennoch, selbst wenn der Schmerz den Menschen als das ihm fremdeste Ereignis erscheint, seinem Verständnis gegenüber am widerständigsten, als so unumgänglich wie der Tod, so ändert dies nichts daran,

[1] Gott ist ein Freund des Lebens, S. 47

dass der Schmerz ein Zeichen für sein Menschsein ist. Die Abschaffung seiner Leidensfähigkeit entspräche einer Abschaffung seines Menschseins."[1]

6. Vom Beistand der Gemeinde

Diesen Überlegungen schließe ich einen Blick auf eine alte Gemeinderegel der frühen Christenheit an. Dabei hoffe ich, dass wir auf dem Stand heutiger Erkenntnisse - zusammen mit moderner Medizin, die die palliative ebenso ernst nimmt wie die kurative Dimension, der Ärzteschaft und den Menschen, die ehrenamtlich und hauptberuflich im Pflegebereich in Kliniken und Palliativ- und Hospizdiensten tätig sind - etwas von dieser Praxis in einer unserer Zeit angemessenen Weise wiedergewinnen können, eine Praxis, die z. B. in den Kirchen Afrikas und Asiens nach wie vor zum kirchlichen Leben dazugehört.

Bekanntlich hat Jesus seinen Jüngerinnen und Jüngern den Auftrag zu heilen gegeben. In Lukas 9,2 hat er sie ermächtigt, Zeichen zu setzen für jenes Leben, das Sinn und Würde hat über den Tod hinaus, für das «Reich Gottes». Die frühe Christenheit hat diese Beauftragung in eine Gemeinderegel gefasst, wie wir sie in Jakobus 4,13-16 finden: *„Leidet jemand unter euch, der bete; ist jemand guten Mutes, der singe Psalmen. Ist jemand krank, der rufe zu sich die Ältesten der Gemeinde, dass sie über ihm beten und ihn salben mit dem Öl im Namen des Herrn. Und das Gebet des Glaubens wird dem Kranken helfen, und der Herr wird ihn aufrichten; und wenn er Sünden getan hat, wird ihm vergeben werden. Bekennet also einander eure Sünden und betet füreinander, dass ihr gesund werdet. Der Gerechten Gebet vermag viel, wenn es ernstlich ist.“* Diese Gemeinderegel zielt keinesfalls darauf, die Inanspruchnahme eines Arztes zu ersetzen, und ist weit entfernt von aller Esoterik, Ekstase und Magie. Denn charakteristisch für dieses „Heilungshandeln“ der Gemeinde ist, dass nicht die Beter durch ihre Fähigkeiten oder besonderen Begabungen irgendwelche „Energiefelder“ übertragen oder verändern, sondern dem erkrankten Menschen den Segen Gottes zusagen - und dann Gott anheimstellen, was dieser Segen bewirkt.

Kein Gesundbeten, sondern ein Beten um Gesundung in einem tieferen Sinn: bleiben zu können in der Gottes- und Gemeinschaftsbeziehung! Paul Tillich spricht

---

[1] David Le Breton: Schmerz, Zürich / Berlin 2003, S. 193

von „salvation“ als Grund und Ziel von „healing“. Dieses Beten ist «charismatisch», weil an den Gaben orientiert und von den Gaben inspiriert:

▷ Jedem Menschen steht der Zugang zu Gott offen, er darf das Beten als seine Gabe verstehen und ausüben: in Klage, Bitte um Heilung und Dank.

▷ Anderen ist die Gabe verliehen, mit ihm und für ihn zu beten und so ihn im Beziehungsgefüge zu seinen Mitmenschen und zu Gott gerade in seinem Ungemach zu lassen bzw. wieder in die Beziehung hineinzunehmen, zeichenhaft und sinnlich erfahrbar in Handauflegung und Salbung als Segnungsakt: Ausdruck des auch in seiner Krankheit bleibenden Angenommenseins bei Gott und in der Gemeinde, gleichsam eine „gesegnete Versehrtheit“ (Fulbert Steffensky).

▷ Diese Annahme wird bestätigt in der Bitte um Vergebung, d. h. um Erneuerung und Festigung der Gottes- und Gemeinschaftsbeziehung („bekennet nun einander die Sünden und betet füreinander“) der Gemeindeverantwortlichen - also gerade nicht in der „Beichte“ des Erkrankten oder Sterbenden! Ohnehin sind mit „Sünde“ keine persönlich zurechenbaren unmoralischen Taten gemeint, sondern „Sünde“ ist der eigentlichen Wortbedeutung nach Beziehungslosigkeit und Entfremdung; entsprechend ist „Beichte“ der ausdrückliche Verzicht darauf, sich der Gnade zu verweigern, und Gebet das eigene Einstimmen in die Gottesbeziehung. Kein Gebet ist unwirksam. Weil jedes Gebet gehört ist, ist jedes Gebet erhört. Allerdings verändert mein Gebet zuallererst mich, was weiter geschieht, kann immer nur Gottes Sorge sein. Welcher Mensch könnte denn auch sagen, was wirklich für ihn gut ist? „Wer bin ich?“ Welcher Mensch könnte sich selbst diese Frage ehrlich und erschöpfend beantworten? Unvergessen das Gedicht „Wer bin ich?“ von Dietrich Bonhoeffer!

Und was bedeutet die *Salbung*? Sie ist keine „letzte Ölung“, sondern zum einen als körperliche Wohltat Zeichen der Zugehörigkeit zur irdischen Gemeinschaft der Glaubenden und zum anderen spürbares Zeichen der Zugehörigkeit zum Reich Gottes, in dem Schmerzen und Leiden ein Ende haben. So soll die Salbung Hoffnung und Stärkung geben für die Lebenszeit jetzt und über die Lebenszeit hinaus. Ursprünglich nur an Königen und Priestern vollzogen, wird sie in der Gemeinde zum Symbol der (Wieder-)*Einsetzung* des Menschen - gerade des erkrankten und sterbenden Menschen - in seine *königliche* und *priesterliche Würde*. Dabei wird nirgendwo nach dem *Warum*, sondern stets nach dem *Wozu* gefragt. Mit alledem wird zugleich vehement bestritten, Krankheit und Sterben seien eine rein private Angelegenheit, im Gegenteil, sie gehen alle an, fordern alle zur Verantwortung und Rechenschaft und allemal zur Hoffnung und Liebe. Damit wurde seinerzeit nachdrücklich der im Römischen Reich üblichen Ausgrenzung Kranker und Behinderter (z. B. Recht des Vaters, das Neugeborene anzunehmen oder nicht) eine alternative Praxis der Annahme und Hineinnahme in die Gemeinschaft entgegengesetzt.

Im Mittelalter war davon etwas zu spüren in der Praxis, wenn jemand im Sterben lag, die Leute von den Straßen ins Haus zu holen, damit auch sie bei dem Sterbenden sind und dieser nicht allein ist. Eine Praxis, die uns heute befremdet und die zur Zurschaustellung missbraucht werden kann und worden ist, die aber doch einen Sinn hat. Denn mit der Vereinzelung unseres Sterbens geht allzu oft eine Vereinsamung einher. Und es ist doch so: Je älter wir und je kleiner unsere Familien werden, desto mehr müssen Freunde, Nachbarn, Pflegekräfte einspringen. Das alles hätte einen guten Ort in der Gemeinde und könnte mit - auch selbstlosen - Hilfeleistungen verbunden und in Segnungsgottesdiensten vertieft und bestärkt werden.

In kirchengemeindlicher Praxis, die sich im Grundsatz an dieser Gemeinderegel aus dem Jakobusbrief orientiert, könnten Menschen wieder ihr Sterben als Teil ihres Lebens und als Schöpfungswerk Gottes annehmen. Darin wäre „ein wesentliches Element der Würde des begrenzten menschlichen Lebens und damit der Bestimmung des Menschen erlebbar. Dieser Ziel- und Endpunkt macht nicht rückwirkend allen Einsatz für die Gesundheit“ und die Lebenserhaltung „des Menschen sinnlos oder fragwürdig, sondern er besiegelt die - ihrerseits begrenzte - Bedeutung und Wichtigkeit, die dieser Einsatz aus der Sicht des christlichen Glaubens für das geschöpfliche Leben hat.“[1]

An dieser Stelle ist doch noch eine Bemerkung nötig, um Missverständnisse zu vermeiden. Medizin und Glaube, der sich namentlich im Gebet als Kranker und für

[1] Wilfried Härle, a. a. O., S. 432

Kranke äußert, sind zu unterscheiden und aufeinander zu beziehen. Sie haben ihr Verbindendes darin, dass sich in ihnen ein unbedingtes Angesprochen- und Angegangensein zeigt - in dem Sinne, wie Paul Tillich den Glauben beschreibt als Ergriffensein von dem, was mich unbedingt angeht. Die Mediziner und die Pflegenden, die zum Leben und im Sterben helfen wollen, wissen sich von den Menschen, die ihnen anvertraut sind, unbedingt in Anspruch genommen. Dieser - in einem erweiterten Sinn - Glaube ist in den Heilberufen in selbstständigem Handeln nach den Regeln der Kunst des „Heilens" und „Pflegens" präsent. Eine solche Unbedingtheit ist der Kern und die Kraft von Glauben im engeren Sinn. Dieses Glauben ist nun dadurch charakterisiert, dass darin sich die Integration und die Zentrierung des Selbst aus dem Gottesbezug heraus vollzieht. Das ist das Heilende des Glaubens: kein medizinischer Vorgang, sondern „Heilung" in einer existentiellen Tiefendimension - einem neuen Mut zum Sein, der den Mut zur Endlichkeit einschließt - durch Berührung mit dem „Heiligen", dem Grund des Lebens, „Heil" also in der Kraft und im Geist des „Neuen Seins" in Jesus dem Christus als Neuintegration und Neuzentriertheit des Selbst inmitten aller Zweideutigkeiten des Lebens.

Vielleicht sollte statt von „Heilung" besser von der „Heilsamkeit" des Glaubens gesprochen werden? Auf jeden Fall ist der Eindruck zu vermeiden, Glaube sei so etwas wie eine Gesundheitsmechanik. Untersuchungen, die eine unmittelbare Korrelation zwischen Glauben und Gesundheit nachweisen zu können behaupten, halte ich schlicht für kurios. Sie besagen nicht mehr und nicht weniger, als dass die religiös-spirituelle eben eine Dimension des Menschseins ist, obwohl viele Menschen diese für sich gerade nicht entdecken können, und im medizinisch-pflegerischen Umgang unbedingt beachtet werden muss. Jede Behauptung einer unmittelbaren Korrelation von Glauben und Gesundheit betrachte ich jedoch als eine Instrumentalisierung des Glaubens. Auch für Christenmenschen ist ein getröstetes, friedliches Sterben alles andere als selbstverständlich, es ist ein Geschenk, ein ganz besonderes, durch keinen „Glaubenswillen" hervorrufbar!

Hierin ereignet sich das Wirken des Geistes. Denn es ist menschlich nicht machbar. Und doch ist es erfahrbar, etwa so, wie Hegel es beschreibt: „...nicht das Leben, das sich vor dem Tode scheut und von der Verwüstung rein bewahrt, sondern das ihn erträgt und in ihm sich erhält, ist das Leben des Geistes. Er gewinnt seine Wahrheit nur, indem er in der absoluten Zerrissenheit sich selbst findet.“ (zit. n. Dietrich von Engelhardt, in: Arnoldshainer Texte 128, S. 38)

Die Gemeinderegel aus dem Jakobusbrief weist in eine Richtung, die sich heute in den Palliativ- und Hospizdiensten konkretisiert: Orte des Lebens zu sein für Menschen, die in absehbarer Zeit an einer unheilbaren Krankheit sterben werden und so Lebenshilfe in der besonderen Lebenslage des Sterbens zu geben.

7. Jenseits des Zwangs zum Gelingen

Zunächst denke ich noch einmal an die Menschen, die ich an ihrem Lebensende begleiten durfte. Sie haben mich gelehrt, Menschenwürde jenseits von Lebenslänge wahrzunehmen. Und wie besonders wichtig für ein humanes, eigenes und würdiges Sterben es ist, von ihm alles fernzuhalten, was es idealisiert, moralisiert und normiert. Nur dann bleibt die letzte Lebensphase frei vom Diktat des Gelingenmüssens. In unserer Zeit mit ihrem Perfektions- und Moralzwang sei es immer wieder gesagt: Weder kann noch braucht alles zu gelingen, am wenigsten das Sterben. Denn jedes Sterben hat schon seine eigene Würde, jeder Tod sein eigenes Geheimnis, das das Geheimnis dieses einen Menschenlebens selbst ist, das Andere der Vernunft, das den Menschen mehr sein lässt als etwas Verrechenbares und Nutzbares. Die Menschen, die mich um Lebenshilfe im Sterben („Sterbegleitung“) gebeten haben, haben mich auch gelehrt, wie der Sinn eines Lebens unabhängig von der Intaktheit der Sinne besteht und wie Würde woanders zu finden ist als im Wohlergehen.

Auf diesem Erfahrungshintergrund will ich noch einmal meinen Standpunkt zur sog. Hilfe zum Sterben skizzieren. Dass es überaus tragische Dilemmasituationen geben kann und gibt, ist mir klar; sie gehören für mich in den Bereich des Seelsorglich-Individuellen, zu dem ich keine abstrakten, von der Situation losgelösten Aussagen machen kann. Meine Erfahrungen als Pastor haben mir oft genug gezeigt:

Es gibt Unmögliches, das gleichwohl möglich ist und geschieht; gleicherweise gibt es eine unpassende Genauigkeit: alles ist „richtig" und dennoch „falsch". Sowohl der Versuch verantwortlichen Handelns als auch die ethische Reflektion geraten immer wieder an eine Grenze, an der es keine Antworten mehr gibt. Dort wird auch die biblische Botschaft mehr zu einer Frage zu unseren Antworten als dass sie Antworten auf unsere Fragen bietet. Angesichts dieser Grenze empfinde ich eine Begrenzung, die ich durch kein ethisches Argument überwinden kann, jedenfalls ist meine Intuition einfach stärker als jede Rationalität und jedes Mitleidsargument. Auch dadurch bin ich nicht aus dem Schuldzusammenhang befreit. Für mein Handeln ebenso wie für mein Unterlassen, das etwas anderes als Handeln und doch kein Nichthandeln ist, kann ich nur um Vergebung bitten. Wie meine Würde allem Denken und Handeln vorausliegt und von ihnen niemals eingeholt werden kann, so bedarf ich im Blick auf jede Entscheidung der «Rechtfertigung allein aus Gnaden».

Würdig zu sterben ist höchste Gnade und größtes „Werk" zugleich, „Werk" auch in dem Sinne, sich seines Sterbens nicht mehr bemächtigen zu wollen. Sterben ist Leben in einer besonderen Situation. Deshalb kann Hilfe *im* Sterben nur Hilfe *zum* Leben sein, zum Leben in dieser einmaligen Lage. Der Andere, der sterbende Mensch wie der Mensch, der sein Vertrauen genießt und ihm beisteht, bleibt das bzw. der schlechthin Unverfügbare. So verständlich eine Bitte um aktiv-direkte Sterbehilfe sein kann, weshalb sie, ohne als unmoralisch verurteilt zu werden, zu den Lebensäußerungen eines Sterbenden gehören mag, erblicke ich in ihr einen Schritt auf dem Weg zur Fremdverfügung. Eine aktiv-direkte Sterbehilfe wäre dann eine vollzogene Fremdverfügung. Fremdverfügungen aber machen, wie auch immer: im Appell an das Mitleid, dem man im Grunde nicht ausweichen kann, erst recht im Vollzug des Tötens, ein Subjekt zum Objekt, eine Person zur Unperson.[1]

---

[1] Wenn Emmanuel Lévinas von dem unbedingten Anspruch des Anderen als *dem* Akt der Subjektkonstitution in der Weise spricht, dass ‚ich' vom ‚Anderen' gleichsam „verfolgt" werde und dessen „Geisel" bin, so gilt das, wenn es denn um das grundlegende Prinzip der Subjektkonstitution geht, immer wechselseitig zwischen den ‚Anderen'. - Vgl. dazu im Zusammenhang mit der Schilderung seiner Gaumen-OP's in früher Kindheit Jürgen Habermas, S. 19: „Mir hat es nie eingeleuchtet, dass das Phänomen des Selbstbewusstseins etwas Ursprüngliches sein soll. Werden wir uns nicht erst in den Blicken, die ein Anderer auf uns wirft, unserer selbst bewusst? In den Blicken des Du, einer zweiten Person, die mit mir als einer ersten Person spricht, werde ich

Darum erscheint sie mir als das genaue Gegenteil zu einem „eigenen“ Tod, der heute mit gutem Grund und Recht erwartet wird. Abgesehen von dem Euphemismus, den im Blick auf die konkreten Tötungshandlungen dieser Ausdruck darstellt, erscheinen mir alle Formen „aktiver Euthanasie“ als gegen den „eigenen“ Tod des Menschen gerichtet, da sie seiner Zeit vorgreifen und ihn in ein künstliches Ereignis verwandeln. Mag das Wiederaufkommen der Euthanasiedebatte ein Protest gegen manche therapeutischen Auswüchse moderner Intensivmedizin sein, bleibt sie, worauf ich schon hingewiesen habe, darin doch demselben Denkmodell einer technischen Bewerkstelligung und Bewältigung des Todes verhaftet. Letztlich entspringen, trotz gegensätzlicher Intentionen, die Lebensverlängerung um jeden Preis und die vorzeitige willentliche Lebensbeendigung dem aussichtslosen Versuch, dem Tod auszuweichen. Ich kann dem belgischen Philosophen Jean-Francois Malherbe nur zustimmen:[1]

„Es gibt zwei Möglichkeiten, den Augenblick des Todes zu umgehen. Die erste besteht darin, diesen Augenblick bewusst so weit wie möglich hinauszuzögern, die andere darin, ...diesem Augenblick vorzugreifen; therapeutischer Übereifer und Euthanasie sind die beiden symmetrischen Versuche, der Begegnung mit dem Tod auszuweichen.“

So ist Euthanasie, ich kann mir nicht helfen, schlimmer noch als der Schaden, den sie zu heilen vorgibt! Sie ist diejenige Form der an sich weiterzuentwickelnden Autonomie, die ihre Abschaffung bedeutet. Im Kern ist sie nämlich kein Selbst-, sondern ein totales Fremdverfügen: die völlige Unterwerfung unter das Urteil und den Willen anderer, z. B. der Ärzte oder anderer „Helfer“, die die Berechtigung zur Lebensbeendigung und den Zeitpunkt des Aus-dem-Leben-Scheidens festlegen müssten.

---

meiner nicht nur als eines erlebenden Subjekts überhaupt, sondern zugleich als eines individuellen Ichs bewusst. Die subjektivierenden Blicke des Anderen haben eine individuierende Kraft.“ (Lévinas hätte wohl von der 2. als der 1. Person gesprochen, weil für ihn alle Subjektivierung und Individuierung mit dem Anderen beginnt.)

[1] Zit. n. Eberhard Schockenhoff: Den eigenen Tod annehmen, in: Hermann Hepp (Hg.): Hilfe zum Sterben? Hilfe beim Sterben!, Düsseldorf 1992, S. 110

Zumal in dieser Hinsicht vermag ich einfach nicht zu erkennen, dass solches Fremdverfügen mit dem zu vereinbaren wäre, was ich „inhärente Würde" genannt habe. Wir haben unser Eigenstes nie ohne das Eigenste des bzw. der Anderen. So kann - und das ist entscheidend -, dass eine(r) leidet, kein rechtfertigender Grund dafür sein, einen Leidenden zu töten oder Beihilfe zum Töten zu leisten. Nur der Notstand, dass Leben gegen Leben steht, kann im Sinne einer ultissima ratio der zutiefst schuldbehaftete über-rechtliche und gleichsam außer-ethische Ausnahmefall sein, der mit keiner anderen Situation zu vergleichen und immer verstörend, empörend, niemals wirklich hinnehmbar ist und dessen Ursachen mit aller Kraft zu beseitigen sind. Auch in diesem Zusammenhang halte ich für bedenkenswert, wie Detlef B. Linke eine Medizin, die sich als Technik versteht und mit einer subjektiv-rationalen Selbstbegründung operiert, beurteilt: „Nicht der Logos, der gekreuzigt wurde," wohne in ihr, „sondern eine Form der Vernunft, deren Selbstbegründung bisher nicht gelungen ist und die als erklärter Gegner des Todes unsere Herzen nicht erfüllen konnte, da in ihr [im Original: „ihnen"] schon der Tod wurzelt. ... Wer das Ich und nicht Gott zur Mitte der Welt nimmt, wird den Tod als Niederlage der Ichbezogenheit erleben, welcher der heroische Trotz im aktiven oder staatlich durchgeführten Suizid entgegengesetzt werden soll."[1]

Mit anderen Worten: Töten, wodurch auch immer „motiviert" oder „induziert", ist die Fremdverfügung schlechthin - eine Entscheidung bzw. Tat, die in keinem Fall eine Korrektur zulässt. Darum kann das Töten eines Anderen schwerlich eine Tat der Liebe sein. Denn zum Wesen der Liebe gehört es, dass sie „Korrektur" zulässt, wie es z. B. in Vergebung und Versöhnung als entscheidenden Akten der Liebe geschieht. Liebe kann einfach nicht vernichten, worauf sie sich richtet - und sie wird so ehrlich, so wahrhaftig sein, dieses auch einem Verzweifelten zu erkennen zu geben, auf eine Weise, in der die Liebe bei der Wahrheit und die Wahrheit bei der Liebe bleibt. Allein die Liebe kann den Tod überwinden, die Liebe und das

---

[1] Detlef B. Linke, a. a. O., S. 59+92. - Hier sei nur vermerkt, dass sich mir bei den meisten der in den Medien geschilderten „Fälle", für die die rechtlich legitimierte Möglichkeit eines medizinisch assistierten Suizids eingefordert wird, nicht erschließt, warum hier auf der Grundlage des Selbstbestimmungsrechts kein palliativmedizinisch indizierter Therapiewechsel hin zu einem Sterbenlassen gefunden werden konnte.

Gebet: „Nichts spricht dem Tod so sehr das Recht ab wie das Gebet.“ (Fulbert Steffensky)

8. Im Ende der Anfang

Die Christenheit zieht sich vor dem Altern und der Erkrankung nicht zurück, sie stellt sich auch der Krankheit zum Tode, sie achtet auf das Sterben und nimmt die Sterbenden in die Pflege und ins Gebet. Sie schafft Raum für das Aussprechen der Ängste wie der Hoffnungen. Im Antlitz Jesu Christi lässt Gott sein Antlitz über uns scheinen. Von diesem Licht her wächst der Christenheit die Kraft zu, das Leben zu schätzen, gerade indem sie die Würde eines in seinem Sosein gegebenen Lebens und die Sterbenden als Lebende schützt. Wo es möglich ist, kämpft sie für die Erhaltung des Lebens, soweit es in Menschenmacht steht. Denn weil Christen über diese Welt hinaus hoffen, hoffen sie in sie hinein - und arbeiten im Sinn und in der Kraft dieser Hoffnung. Darin schon, in Ausübung der Menschenmacht, die immer nur eine verliehene und geliehene ist, vertrauen sie den Sterbenden und sich selbst der Macht Gottes an. Ganzheit und Unversehrtheit, Vollständigkeit und Vollendung sind dem «Reich Gottes» vorbehalten, das uns verheißen ist und um das wir bitten: „Dein Reich komme. Dein Wille geschehe.“

Was im Tod über den äußeren Zerfall hinaus wirklich mit uns geschieht, wissen wir nicht, jedenfalls nicht nach Art des Wissens, wie es uns zu Lebzeiten zur Verfügung steht. Doch haben wir auch in unserer Lebenswelt mit dieser Art zu wissen mehr als ein wissendes Nichtwissen?! Nahtod-Erfahrungen reichen nur bis an die Markierungslinie zwischen Leben und Tod heran, sie sind Grenzerfahrungen. Vor der Grenze sagen sie uns z. B., dass die Sterbeerfahrung durchaus eine Lichterfahrung sein kann, aber ob sie schon ein Blick hinter die Grenze ist, kann niemand sagen. Hinter der Grenze, die der Tod markiert, ist alles offen. Allerdings ist uns verheißen, im Tod schauen zu dürfen, was wir geglaubt haben. Von daher fällt auf den Tod noch einmal ein anderer Blick: Der Tod - und vorher schon der Schmerz - bringen in der deutlichsten, unumgehbaren Weise mir mein Leben als *mein* Leben in menschlich-endlicher Subjektivität nahe. Ja, zuerst der Schmerz,[1] dann der Tod lassen es mir zur unausweichlichen Aufgabe werden, zu entdecken, wer ich selbst bin. Dazu gehören natürlich immer die Anderen, das kann gelingen nur in der Gemeinschaft. Gleichen Ranges wie Schmerz und Tod ist in dieser Hinsicht wieder nur die Liebe. Am Ende soll ein Mensch nicht dem Schmerz gehören, sondern der Schmerz dem Menschen. Ebenso soll kein Mensch dem Tod gehören, sondern der Tod dem Menschen. Das geschieht, wenn der Mensch im Leben wie im Sterben der Liebe gehört, die ihn auch über seine Lebenszeit hinaus umfängt. Gott aber ist Liebe...

So mag der Tod kommen - nicht durch Menschen-, sondern aus Gottes Hand. Denn Tod soll sein und muss werden: ein Werk Gottes und keine Tat des Menschen. Und gedacht war es ja einmal so: „Wir sterben nicht, weil wir krank sind, sondern weil wir leben." (Montaigne) Der Tod ist, recht verstanden und wie eben angedeutet, ein Schöpfungswerk Gottes, der noch im Tode *ist* und bei dem unsere, meine Würde unabhängig von meiner Seinsweise bewahrt *bleibt*, weil sie in Gott und also in der Liebe bleibt.

Hört im Tod die Manifestation meines Selbst, wie ich es zwischen Geburt und Tod kenne, auf, meine Würde jedoch bleibt. Der Tod besiegelt meine Unvollkommenheit. Doch ich habe ein Recht auf Unvollkommenheit, denn sie gehört zu meinem Menschsein, ja, von Jesus Christus her verweist die Fragmenthaftigkeit meines geschöpflichen Lebens auf eine letzte Vollkommenheit, die von mir weder geleistet werden kann noch geleistet werden braucht. Mithin verliere ich längst nicht alles, wenn ich meine Lebenskraft nicht wiedererlange. Vielmehr darf ich im Sterben erleben, wie der Tod zum Ganzen meines Daseins gehört und im Rahmen eines Lebensentwurfs Sinn erhält, der perspektivisch auf das Ganze des Lebens zielt, gibt doch auch dem Tod Sinn, was dem Leben Sinn verleiht. Dabei denke ich an zwei

[1] Hans-Georg Gadamer am 11.11.2000 in seiner (letzten) Rede als 100-jähriger, von Jugend auf aufgrund einer Polio-Erkrankung an Rückenschmerzen leidender Mann auf einem wissenschaftlichen Symposium der Orthopädischen Universitätsklinik Heidelberg: „Die eigentliche Dimension des Lebens wird im Schmerz erkennbar." - Siehe auch Hans Joachim Schliep: Schmerz. Theologische Aspekte, in ders.: Gläubiger Realismus. Kronsberger Reden, Saarbrücken 2012, S. 51-73.

Paulusworte: „Wir tragen allezeit das Sterben Jesu an unserem Leibe, damit auch das Leben Jesu an unserm Leibe offenbar werde. ... Darum werden wir nicht müde; sondern wenn auch unser äußerer Mensch verfällt, so wird doch der innere von Tag zu Tag erneuert." (2. Korinther 4,10+16) Und an das andere Wort, wir, die wir uns selbst verborgen sind, würden „erkennen wie" wir „erkannt" sind (1. Korinther 13,12). Diese beiden Worte verweisen auf eine im Sterben mögliche Umwandlung, die nicht Verlust und Enttäuschung, sondern das Wachstum einer Hoffnung über die eigene Lebenszeit und die eigenen Lebensmöglichkeiten hinaus bedeutet. Wo diese Umwandlung geschieht, will sich mir, in dem ich mich dem Sein, wie es mir gegeben ist, übereigne und ausliefere, eine tiefere, umfassendere Seinserfahrung eröffnen. So hoffe ich auf eine Hoffnung, die ich gleichsam als „Durchbruch durch die Zeit"[1] erlebe: als neue Zeiterfahrung, die mich auf den Tod zugehen lässt wie auf eine verhangene Grenze, hinter der - hier ist nur eine bildliche Sprache möglich und angebracht - ein anderes Land, ein anderer Raum sich auftut und etwas Neues anbricht. „Im Tod bleibt die Zeit stehen und zugleich wird sie um eine entscheidende Dimension erweitert: um die Ewigkeit. Der Sterbende überlässt sich jetzt endgültig der Ewigkeit und dem Ewigen."[2]

Als was bin ich denn erkannt, als der ich mich einst erkennen werde? Erkannt bin ich und werde ich mich nun erkennen gemäß dem Bild, das Gott seit Anbeginn von mir hat. Denn was hieße «Gottesebenbildlichkeit» anderes als: Gott hat ein Bild von mir?! Erkannt bin ich von Gott in der Mehrdimensionalität von Leib (Körper), Seele und Geist. Die liegen zu meinen Lebzeiten freilich im Streit miteinander, woran ich an mir selbst die Zweideutigkeiten und Zwiespältigkeiten, die Widersprüchlichkeit und die Unvollkommenheit, kurz: die Entfremdung („Sünde") erfahre, die mir auch den Tod ganz fremd macht, in der er für mich zur „Sünde Sold" wird. Im „Neuen Sein" in Jesus dem Christus aber ist mein Selbst bereits integriert und zentriert. Diese Integration und Zentriertheit ist der Kern der christlichen Auferstehungs-

[1] Nach Eberhard Schockenhoff, a. a. O., S. 121 - dazu auch die noch folgenden Überlegungen zur Zeit- und Leibdimension in eschatologischer Perspektive im Anschluss an Michael Weinrich. Siehe auch Michael Theunissen: Negative Theologie der Zeit, stw 938, Frankfurt/M. 1992[2]

[2] Erhard Weiher: Das Geheimnis des Lebens berühren, Stuttgart 2008, S. 307

hoffnung. Die aber bezieht sich immer auf mein konkretes Menschsein („Leiblichkeit"), bin ich doch zu einem Selbst integriert und zentriert nur in der konkreten mehrdimensionalen Einheit von Körper, Seele und Geist. Darum ist es das Charakteristikum christlicher Auferstehungshoffnung, die Auferstehung als „Auferweckung des Leibes" statt der „Seele" im neu-platonischen Sinn zu bekennen.

Mit anderen Worten: „Die Rettung des Menschen durchmisst einen Weg und umfasst somit eine Geschichte, deren Bestimmung nicht am Menschen abgelesen werden kann, deren Bestimmung aber eben den konkreten Menschen, wie er vor Augen steht und er sich selbst erfährt, trifft, nicht als seine Eliminierung, sondern als seine wunderbare Bewahrung."[1] Von dieser Bewahrung her empfängt das Leben einen Sinn, der über die individuelle Lebenszeit hinausgeht und alle Sinnwidrigkeit in sich aufnimmt. Auf diese Bewahrung - auf das „Ewige Leben" - zu hoffen heißt: diese Hoffnung selbst nur mit leeren Händen empfangen zu können, fern erträumter Lebenssteigerung durch künstliche Lebensverlängerung, dafür aber nahe am unverfügbaren Geheimnis des Todes, das mir - auch das kann ich nur erhoffen und erbitten - mich demütig und geduldig auf es einzulassen ermöglicht.

So wenig der Mensch mit seinem „natürlichen Selbstverewigungsinteresse" in der Auferstehung zum Ziel kommt und die „Auferweckung des Leibes" etwas ganz anderes ist als eine Wiederbelebung eines Leichnams, so sehr vollzieht sich doch die Neuintegration und Neuzentrierung, die nichts anderes als „Versöhnung" ist, an dem Menschen, um den es jeweils geht. Mit der „Auferweckung des Leibes", die eingebettet ist in die Erneuerung von Welt und Leben überhaupt, wird die Hoffnung ausgedrückt, dass die Versöhnung bzw. Erlösung der „konkreten Individualität" gilt. Allerdings nicht in der Weise, dass bloß unser diesseitiger Leib verjenseitigt werde. Auferstehung und «Ewiges Leben» in Kategorien des Diesseits zu beschreiben, hieße ja nur, das Jenseitige zu verdiesseitigen. Weil der Mensch genau das immer wieder tut, indem er sich entweder nur eine leiblose „Seelenauferstehung" denkt

---

[1] Siehe Michael Weinrich: Auferstehung des Leibes, in Jürgen Ebach et. al. (Hg.): »Dies ist mein Leib«, Jabboq 5, Gütersloh 2006, S. 124ff - die folg. Zitate: S. 132, 135 (statt „indolent" schreibe ich „gleichgültig"), 136, 139

oder das «Ewige Leben» bloß als die Verlängerung der vorfindlichen Form der Leiblichkeit, diese aber angesichts seiner modernen naturwissenschaftlichen Kenntnisse zugleich als Illusion ablehnen muss, bleiben ihm nur zwei Auswege: den Auferstehungsglauben und die aus ihm erwachsende Hoffnung als Hirngespinst abzutun und zugleich das Leben immer mehr zu verlängern bzw. den Tod immer weiter hinauszuschieben zu versuchen, um der «Ewigkeit» wenigstens immer ein winziges Stückchen mehr Zeit abzuluchsen.

Aber der Versuch, möglichst viel vom Diesseits wie einen Keil ins Jenseits hineinzutreiben und es so langsam auszuhöhlen, vielleicht sogar, indem das Leben immer noch einmal technisch verlängert wird, durch die Hintertür ins Paradies zu gelangen, das aber dann nur ein irdisches sein kann, erzeugt genau die Aporien, die ich in Aufnahme von Gedanken von Daniel Callahan und Reimer Gronemeyer eingangs angedeutet habe:

Der Tod wird als Nichtung, als das völlig Sinnlose und unbedingt zu Vermeidende, verstanden, der man nur noch mit Lebensverlängerung um jeden Preis begegnen kann, die wiederum die Annahme der Sterblichkeit als Teil des Lebens und damit ein Sterben zur rechten Zeit und in Würde maßlos erschwert, bis hin zu den untauglichen Bemühungen, selbst noch den Tod unter Kontrolle bringen zu wollen. Damit aber brächten wir uns, wenn sich diese Haltung flächendeckend verbreitet und es denn zutrifft, dass die Würde eines Menschen weder von seinen Lebensumständen und Handlungsmöglichkeiten begründet noch begrenzt wird und ein Mensch im Sterben sein Leben als wirklich sein Leben entdecken und er zu einer verdichteten und vertieften Selbsterfahrung gelangen kann, gleichsam um unser Leben. Um dieses zu vermeiden, ist - als der andere Weg - ein angemesseneres Verständnis von Auferstehung, Ewigkeit und Zeit notwendig:

„Es gibt keinen Weg von unserer Wahrnehmung der Zeit zur Ewigkeit Gottes. Wenn wir mit der Zeit beginnen, kommen wir niemals in der Ewigkeit an. Es kann nur umgekehrt sein, dass uns die Ewigkeit in unserer Zeit erreicht, d. h. in ihr Gestalt annimmt und ihr damit eine Bestimmung gibt. In theologischer Perspektive kann »ewiges Leben« nur ein von der Ewigkeit Gottes durchdrungenes Leben sein,

d. h. ein Leben, dem eine Bestimmung gegeben wurde, die nicht einfach der Bedrängnis der Zeit und dem mit ihr verbundenen unaufhaltsamen Zerfall unterworfen ist. Der menschliche Kampf gegen die Nichtung durch den unaufhaltsamen Fluss der Zeit führt - je länger er geführt wird - nur immer näher an die definitive Niederlage. Solange der Mensch die ständig ablaufende Zeit über sich herrschen lässt, solange anerkennt er den Tod als seinen Herrn, der immer nur für begrenzte Zeit zur Geduld animiert werden kann, dann aber schließlich doch das letzte Wort hat. Nur wenn die Ewigkeit der unaufhaltsamen Zeit in den Weg tritt, kann ihr die Letztgültigkeit genommen und somit der Definitivität des Todes das Vernichtungsurteil entzogen werden. ...

Mit weniger als mit der Ewigkeit ist gegen die Zeit nicht anzukommen. Ohne ein Jenseits der Zeit kann ihr der faktisch erhobene Anspruch kaum entzogen werden. Natürlich kann sie überhaupt keine Ansprüche erheben, sondern veranschaulicht nur die Geschwindigkeit des Zerfalls. Aber damit gibt sie auch dem Kampf gegen diesen Zerfall sein Maß, und auf diese Weise wächst ihr eine Ermächtigung zu, der gegenüber sie gleichgültig bleibt wie dem ständig begleitenden Zerfall gegenüber. Sie [sc. die Zeit] kann erst zu ihrer relativen Bestimmung zurück- bzw. hindurch finden, wenn der Mensch von dem Zwang befreit ist, all seine Vorstellungen von Macht und all seine Hoffnungen auf Macht allein ihr anzuvertrauen, so als sei sie mehr als eben die gleichgültige Registratur des Ablaufs, die uns zwar von vorher und nachher zu reden ermöglicht, die aber kein Woher und kein Wozu kennt und schon gar kein Wohin. Dazu wird die Zeit vergeblich befragt, dazu bedarf es mehr als der Zeit - ein Jenseits gegenüber der Zeit, und dieses ist die Ewigkeit, die theologisch allein in Gott als dem Ursprung, Grund und Ziel der Zeit gesucht werden kann. In diesem Horizont wird deutlich, dass das Nahen des Reiches Gottes nicht für eine Verflüchtigung der diesseitigen Welt in ein Jenseits steht, sondern es zielt auf ein Eindringen und Durchdringen des Jenseits ins Diesseits, wodurch unsere linearen Kontinuitäts- und Entwicklungsspekulationen konterkariert werden."

Wird nun aber die Zeit auf diese Weise von der Ewigkeit, d. h. von Gott her gedacht, geraten Leben, Sterben und Tod ganz unter die Macht Gottes, sie werden, anders gesagt, Teil des Lebens Gottes. Dann kann uns nichts von Gott scheiden (Römer 8,31-39), nicht einmal das, was uns aus der Perspektive des Lebens zwischen Geburt und Tod als Nichts erscheint. Dann brauchen wir nicht auf eine Ewigkeit unseres Lebens im Sinne unendlicher Dauer zu hoffen, sondern wir dürfen hoffen auf die Ewigkeit der Liebe Gottes. Auferstehung bedeutet dann das ungeteilte Ja Gottes zu unserem Leben, zu uns als konkreten und identifizierbaren Menschen. Dann steht die „Auferweckung des Leibes" dafür, dass am Ende nicht die „Leiblichkeit" zwischen Seele und Gott steht und beide voneinander trennt. Vielmehr bedeutet „Leiblichkeit" dann die Neuintegration und Neuzentriertheit der mehrdimensionalen Einheit von Körper, Seele und Geist zu einem nun wahren Selbst. Dann gibt es nichts am Menschen mehr, was Gottes in der Zeit- und der Ewigkeitsperspektive nichts wert wäre und keine Würde hätte. Noch einmal Michael Weinrich: „Es geht um den Menschen, wie ihn Gott geschaffen hat, um sein Geschöpf, das nach dem Urteil seines Schöpfers »sehr gut« ist (Gen 1,31). ... Die Auferstehung des Leibes bestätigt ... die gute Schöpfung Gottes auch in den durch den Leib gegebenen Begrenzungen, durch das sich das Geschöpf von seinem Schöpfer unterscheidet." Statt um Entgrenzung des Begrenzten geht es um „die in Gott liegende Ewigkeit des Begrenzten: Das Jenseits des begrenzten und sterblichen Menschen liegt allein in Gott."

Diese „Leiblichkeit", die eine ewige Bezogenheit zwischen Schöpfer und Schöpfung als Ganzer und damit auch zwischen Gott und Mensch kraft der Treue Gottes bedeutet, gehört dann auch hinein in die „neue Schöpfung", auf die Paulus und mit ihm die Christenheit hofft. So darf ich auf „Leiblichkeit als Ende aller Wege Gottes" (Friedrich Christoph Oetinger) hoffen, ohne den Leib, wie er mir zwischen Geburt und Tod gegeben ist, entweder zu niedrig oder zu hoch, als wertlos oder als den einzigen Wert einzuschätzen und ohne einem blanken Materialismus oder einem übersteigerten Spiritualismus zu verfallen, die letztlich vom „schwarzen Loch" nihilistischer Leere verschluckt werden. Ein biblisch fundierter gläubiger Realismus widersteht ungebremstem Vitalismus wie ungehemmtem Mechanismus.

Niemals also hat der Tod, stets hat Gott das letzte Wort über unser Leben. Also geht es, wie immer es ausgeht, am Ende gut aus. Am Ende waltet Gnade. Gnade ist alles, schon am Anfang und im Lauf des Lebens. Denn was unser Personsein, unsere Würde begründet, kann nicht das sein, was uns zusteht. Es ist mehr, Gnade eben: das, was kommt, ohne geschuldet zu sein. Im Vertrauen auf Gottes Gegenwart in der Liebe, die bleibt, ja Glauben und Hoffnung übersteigt (1. Korinther 13,13), darf auch im Tod die Gnade erkannt werden - und darin die Wahrheit, dass das Sein dem Nichtsein allemal vorausgeht und durch das Nichtsein niemals zu erschüttern ist. Ja, wir fallen. Aber niemals tiefer als in die Liebe. So sterben wir in Gott hinein. Und segnen das Zeitliche.

Lebenshilfe beim Sterben oder Hilfe zum Sterben?[1]

Sie haben den Mut, nach so vielen Vorträgen sich jetzt mit der letzten Lebensphase zu befassen.

Oft vergesse ich, was ich - zumindest insgeheim - doch mit jedem Atemzug weiß: Der Tod gehört zum Ganzen meines Lebens. Mein Sterben ist mein Leben in einer besonderen Situation. Da erlebe ich mich und erleben mich andere in verdichteter Weise in meinem Mensch-, in meinem Personsein. So ist meine letzte Lebensphase der Ernstfall meines Lebens. Darum spreche ich jetzt persönlich. Ich weiß um mein Sterben, ohne es wirklich zu kennen. Es steht mir bevor, einfach weil ich ein Mensch bin, endlich wie alle Lebewesen. Unvorstellbar: Ich lebe nicht mehr! Noch unvorstellbarer: Ich muss dauernd leben, darf niemals aufhören, kann nirgendwo zur Ruhe kommen! Erst meine Endlichkeit lässt mich ein Ende finden. Sie erst verleiht jedem Ereignis Bedeutung. Wäre alles unendlich, spielte das Hier und Jetzt überhaupt keine Rolle!

Ist Sterben heute schwerer und schwieriger geworden?

Schwer war Sterben schon immer. Heute vollzieht es sich nur anders. Dank moderner Medizin leben wir heute länger. Sie kann den Tod weit hinausschieben. Umso mehr stellt sich die Frage: Wie werde und wie will ich dann leben zum Ende hin?

Das Geschick der Italienerin Eluana Englaro, die 17 Jahre im Koma lag, erschreckt mich, beinahe mehr noch der unsägliche Streit um ihren Tod. Zugleich sind Angebote auf dem Markt, die eine Beihilfe zur Selbsttötung ermöglichen. Forderungen werden erhoben, die Tötung auf Verlangen gesetzlich zu erlauben. Darauf bezieht sich ein Wort unseres Bundespräsidenten, das ich jetzt in eigenen Worten aufnehme: Wenn Menschen sterben, sollen sie *an* der Hand, nicht *durch* die Hand eines anderen Menschen sterben.

---

[1] Referat auf dem Nds. Krebsinformationstag am 14.02.2009 im Congress Centrum Hannover (Moderation: Dr. med. Jochen Wysk, Hämatologe und Onkologe, Vors. der Nds. Krebsgesellschaft, Hannover)

Viele Menschen sind beunruhigt, wenn sie an ihre letzte Lebensphase denken. In ihren Ängsten spiegeln sich zugleich ihre Wünsche. Wegen der knappen Zeit fasse ich meine eigenen Wünsche ganz kurz zusammen:

- ♦ Vertraute Menschen in meiner Nähe zu wissen.
- ♦ Keinen Persönlichkeitsverlust zu erleiden.
- ♦ Lust auf Leben und Liebe erfüllt zu bekommen.
- ♦ Zeit für eine Lebensbilanz zu haben.
- ♦ Raum zum Abschiednehmen zu erhalten.
- ♦ Vor unerträglichen Schmerzen geschützt zu bleiben.

Mit alledem verbindet sich für mich noch ein anderer Wunsch: Dass gleichsam meine Seele wächst, wenn meine Sinne schwinden. Für mich gehört deshalb das Gespräch mit Gott dazu: das Danken, ganz sicher auch das Fragen und Klagen, das Flehen und Stammeln.

Schon an dieser Stelle muss ich sagen: Ich möchte mein Sterben im Angesicht Gottes leben - und immer wieder gesegnet werden. Im Segen empfange ich eine Würde, die mich unabhängig von meinem körperlichen und geistigen Zustand macht. Weder gründet meine Würde in meiner Lebenskraft noch verliere ich sie mit rapide abnehmenden Kräften. Gesegneten Menschen kann nichts und niemand ihre Würde nehmen! Sie bleiben für andere wichtig bis zum letzten Atemzug! Ihnen muss auch nicht alles gelingen, am wenigsten das Sterben! Sie werden noch in den Halbheiten und Unvollkommenheiten ihr Leben als ein Ganzes verstehen! Der Sinn meines Lebens besteht unabhängig von der Intaktheit meiner Sinne. Die Menschen, die ich im Sterben begleiten durfte, haben mich gelehrt, Menschenwürde jenseits von Lebenslänge zu entdecken. Und wie besonders wichtig es ist, alle Idealisierungen, Moralisierungen und Normierungen von unserem Sterben fernzuhalten. Anders geriete es unter ein inhumanes Diktat des Gelingens. Jedes Sterben hat schon seine eigene Würde, jeder Tod sein eigenes Geheimnis.

Kraft dieser Einstellung lässt sich erkennen, wie zu unserer Würde sowohl unser Recht auf Selbstbestimmung als auch unser Recht auf Unvollkommenheit gehört. Auf dieser Grundlage dürfen wir uns bewusst und willentlich der Hand und der Hilfe anderer anvertrauen. Denn unsere Selbstbestimmung beruht auf unserer Empfänglichkeit, die mit unserer Geburt beginnt und sich in unserem Sterben noch einmal in besonderer Weise zeigt.

Vermutlich werde ich Lebenshilfe beim Sterben in vier Hinsichten brauchen:

- Schmerztherapie,
- Pflege und Fürsorge,
- menschliche Kontakte und Gespräche,
- spirituelle Begleitung und seelische Stärkung.

Genau darin sehen die Palliativ- und Hospizdienste ihre Aufgabe. In den erweiterten Möglichkeiten der Schmerztherapie haben sie ihre medizinische Grundlage. Sie wollen den Tagen mehr Leben geben - statt, wenn die Tage ohnehin gezählt sind, dem Leben mehr Tage. Gerade in den Hospizen geht es darum, das Leben auf das Ende hin als Leben zu gestalten. Darin werden sie von den Kirchen unterstützt. Und Pastorinnen oder Pastoren sowie andere dazu befähigte und ausgebildete Menschen lassen sich rufen, wenn Sie Sterbebegleitung wünschen, z. B. ein Gespräch - Hilfen beim Beten, das manchmal so schwer ist - Abendmahlsfeiern im kleinen Kreis - eine Aussegnung. Sie kommen auch zu Menschen, die keiner Kirche angehören. Konfessionsgrenzen sind unbedeutend. Missioniert wird nicht. Es geht darum, Menschen bei ihrer persönlichen Lebensdeutung zu unterstützen und ihnen zu helfen, über den eigenen Lebenshorizont hinauszublicken.

Was können diejenigen tun, die sich, was ja zu jedem Zeitpunkt vernünftig ist, auf das Sterben vorbereiten wollen? Jetzt greife ich nur einen Punkt heraus: Ist eine Patientenverfügung sinnvoll? Grundsätzlich: Ja! Wenn ich mit ihr angemessen umgehe. Sie ist ein Instrument der Selbstbestimmung. Mit ihr kann ich für einen Zeitpunkt, an dem ich selbst nicht mehr äußerungsfähig bin, vorab bestimmen, welche Handlungsweisen ich akzeptiere und welche nicht. Ich empfehle ein vorheriges Gespräch mit Arzt oder Ärztin. Denn Genauigkeit ist wichtig. Aber niemals lässt sich alles vorher erfassen und bestimmen. Deshalb ist es ganz besonders wichtig, eine Person meines Vertrauens mit einer Vorsorgevollmacht zu betrauen. Die kann mich dann vertreten, wenn es darum geht, zusammen mit den Ärzten meinen mutmaßlichen Willen zu erkunden und danach zu handeln. Eine Patientenverfügung ist grundsätzlich verbindlich. Aber sie kann die ärztliche Fürsorgepflicht, die sich auf ein fachliches Urteil gründet, nicht außer Kraft setzen. So gilt es, im Gespräch in jedem Einzelfall eine Balance zwischen Selbstbestimmung und Fürsorge zu finden. Notwendige Klärung und Verständigung in Familie und Freundschaft - dazu ist eine Patientenverfügung wirklich hilfreich. Darum empfehlen die Kirchen sie.

Lebenshilfe im Sterben beruht auf Vertrauen. Deshalb halte ich dieses für einen Irrweg: eine Hilfe *zum* Sterben im Sinne einer sog. aktiven bzw. direkten Sterbehilfe. Wenn jemand nach Tötung oder Beihilfe zur Selbsttötung verlangt, steht es keinem anderen zu, deswegen die Person, die diesen Wunsch äußert, zu verurteilen. Gleichwohl wird schon mit dem Ausdruck „aktiv-direkte Sterbe*hilfe*“ verschleiert, worum es sich handelt: um ein absichtsvolles, auf dieses eine Ziel gerichtetes Töten bzw. um einen unmittelbaren Beitrag zu einer Tötungshandlung. Damit wird die ärztliche Garantenpflicht ausgehöhlt. Ich kann mich nur einem Menschen anvertrauen, der mir zum Leben helfen will und der sich weigert, mich absichtsvoll zu töten. Und persönlich fällt es mir einfach furchtbar schwer, mir vorzustellen, es sei Mitleid oder Liebe, die Person, der das Mitleid oder die Liebe gilt, aus dem Leben zu schaffen. Ebenso frage ich, freilich sehr zugespitzt: Soll Leiden beseitigt werden, indem die Leidenden beseitigt werden? Müssten sich am Ende, zumal bei wachsendem Kostendruck, diejenigen rechtfertigen, die *nicht* ihre Tötung fordern? Wie schnell wird sich der Tod *auf* Verlangen in den Tod *ohne* Verlangen verwandeln?

Die vielen weiteren Gründe, die m. E. gegen diese Form der Euthanasie („guter Tod“) sprechen, fasse ich für jetzt in drei Gedanken zusammen:

♦ Euthanasie ist keine wirkliche Hilfe zu einem eigenen und würdigen Sterben, weil der Tod *vor* dem Ende des individuellen Sterbeprozesses herbeigeführt würde. In langer seelsorglicher Praxis habe ich erfahren, dass durch Aushalten und Zuwarten ein Leben auf bisweilen unerwartete Weise einen Abschluss erfährt, weil Ungeklärtes zwischen Menschen noch geklärt werden konnte. Unser Leben will abgeschlossen, nicht abgebrochen werden.

♦ Auch wenn dann andere zumindest eine Mitverantwortung für mich übernehmen müssen, hört auch im Sterben meine eigene Verantwortung nicht auf. So habe ich mich zu fragen: Was mutest du einem Menschen zu, den du um Tötung oder Beihilfe zur Tötung ersuchst, zumal wenn er von dem ärztlich-pflegerischen Ethos geprägt und getragen ist, anderen Menschen zum Leben zu helfen?! Jedenfalls kann individuelle Not schwerlich die Notwendigkeit einer generellen Gesetzgebung begründen, zumal das Recht in derartigen existentiellen Fragen immer zu kurz greift.

♦ Zu diesem Ethos gehört es aber, den Zeitpunkt herauszufinden, wo die Verlängerung des Leben nur die Verlängerung des Sterbens und eine Änderung des Behandlungsziels angezeigt ist: dem Kommen des Todes nichts mehr entgegenzusetzen und, soweit es nur möglich ist, Schmerzfreiheit zu gewährleisten.

Damit bin ich wieder bei Sinn und Ziel der Palliativmedizin: Ihr Mehrwert besteht nicht in einem Mehrmachen, durch das Leben nur noch ein Nichtsterben wäre, sondern im Anerkennen eines Mehr im Wesen des Menschen und seines Geschicks. Mit einem persönlichen Wort leite ich zum Schluss über: In meinem Sterben bin ich unvertretbar. Dem sehe ich mit «Furcht und Zittern» entgegen.

Darum möchte ich Jesus Christus vor Augen behalten. Auch sein Sterben war voller Angst, aber er hat diese Angst bestanden. Das wünsche ich mir auch: Nicht von Angst frei zu sein, aber meine Angst bestehen zu können. An Jesus Christus erkenne ich, wie das Leiden durch das Leiden hindurch, wie der Schmerz durch den Schmerz hindurch, wie der Tod durch den Tod hindurch überwunden werden kann. So kann ein Leben Sinn haben - trotz so vieler unbeantworteter und unbeantwortbarer Fragen. Gleichwohl möchte ich im Ende einen neuen, unbekannten Anfang erwarten. Darum wünsche ich mir diese Lebenshilfe, dass mir ein Mensch sagt und damit Mut zur Endlichkeit macht:

„Nicht der Tod, sondern Gott hat das letzte Wort. Und am Ende, hinter dem dir erkennbaren Lebenshorizont, geht es gut aus. Du kannst nicht tiefer fallen als in die Liebe hinein, aus der heraus du geschaffen wurdest.“

Mach' es mit meinem Ende gut-
Patientenverfügung, Palliativmedizin und Sterbebegleitung auf dem Hintergrund evangelischer Theologie[1]

MACH' ES MIT MEINEM ENDE GUT - der Obertitel meines Referats ist angelehnt an die jeweils letzte Zeile des acht-strophigen Chorals „Wer weiß, wie nahe mir mein Ende!" Sie lautet: *„...mach's nur mit meinem Ende gut."* Wir finden den Choral unter der Nr. 530 in unserem Evangelischen Gesangbuch. Ämilie Juliane von Schwarzburg-Rudolstadt (1637-1706) hat ihn im Jahr 1688 gedichtet. Dieser frommen Frau verdanken wir auch das schöne Lied „Bis hierher hat mich Gott gebracht / durch seine große Güte..." (EG 329), das so gerne bei Geburtstagsnachmittagen in unseren Kirchengemeinden gesungen wird.

In der evangelischen Jugend haben wir seit etwa 1960 uns sehr für das Singen neuer, zeitgemäßer Geistlicher Lieder in unseren Gemeinden eingesetzt. An Lieder von Sterben und Tod haben wir nicht gedacht. „We shall overcome..." haben wir nicht als Lied, das sich auf die ,Ewigkeit' bezieht, verstanden, sondern als aktuellen politischen Protestsong. Er steht jetzt als EG 616 im Gesangbuch-Anhang. Und im EG-Hauptteil finden sich von 20 Liedern zu ,Sterben und Ewiges Leben' doch 3 neue Lieder aus dem 20. Jahrhundert. Zudem wird man viele Lieder in den Abschnitten ,Geborgen in Gottes Liebe' und ,Abend' mit zu den Liedern vom „abschiedlichen Leben" rechnen dürfen. Gleichwohl scheint es mir auch in unserer Kirche immer wieder notwendig, das Themenfeld Sterben, Tod und Ewigkeit neu in den Blick zu nehmen und damit dem eigenen Verdrängen und Vergessen vorzubeugen.

Darum danke ich Ihnen, den Mitgliedern des Ev.-luth. Kirchenkreistages Wittingen, dass Sie mich durch Ihre Vorsitzende dazu heute eingeladen haben: gemeinsam darüber nachzudenken, wie wir das Leben auf das Ende hin gestalten können - für uns selbst, denke ich, und für die Menschen, die uns in unseren Familien und Kirchengemeinden, in unseren Ortschaften allgemein, in den Vereinen, in der Freundschaft, Nachbarschaft und am Arbeitsplatz begegnen und anvertraut sind. Wie werden wir sprachfähig? Was sagen wir den Menschen, wenn

---

[1] Vortrag beim Kirchenkreistag des Ev.-luth. Kirchenkreises Wittingen am 6.11.2009 in Knesebeck.

wir nach dem Leben zum Lebensende hin, wenn wir nach unserem Glauben und unserer Hoffnung gefragt werden? Und was tun wir für sie?

Eine bedeutende Herausforderung. Ihre Größe und ihr Gewicht habe ich in den letzten knapp 10 Jahren als Pastor am Evangelischen Kirchenzentrum Kronsberg in Hannover deutlich empfunden. In diesem neuen Stadtteil, der zur EXPO 2000 gebaut wurde, gehören nur etwa 30 % der Menschen einer christlichen Kirche an. Die große Mehrheit stellen keineswegs Angehörige anderer Religionen dar, sondern Menschen, die längst aus der Kirche ausgetreten sind oder deren gesamte Familien, weil sie aus den neuen Bundesländern kommen, in der 2., manchmal schon in der 3. Generation keiner Religionsgemeinschaft angehören.

Eine weitere Herausforderung lag in diesem Wohngebiet mit vornehmlich jungen Familien, darunter auch vielen Alleinerziehenden, und mit zahlreichen Alleinstehenden bei einem Altersdurchschnitt von 30 Jahren für mich darin, dass mit Krankheit und Tod viel mehr in der Mitte als am Ende des Lebens umzugehen war. Die Kranken- und Sterbebegleitungen, zu denen ich gerufen wurde, galten meistens Menschen, die 10, 20 Jahre jünger als ich waren; u. a. weil es auf dem Kronsberg viele schwerstbehinderte Menschen in Projekten für selbstbestimmtes Leben und Wohnen gibt. „Mitten wir im Leben sind…“ - ja, schon in der Lebensmitte ging es um das, was der Tübinger Theologe Eberhard Jüngel über das Sterben sinngemäß schreibt: Das Sterben sei die extreme Entwicklungsaufgabe des menschlichen Wachstums, im Angesicht des Todes und damit des Endes der eigenen Beziehungsfähigkeit Beziehungen zu gestalten.[1]

MACH' ES MIT MEINEM ENDE GUT: Dieser Choral steht in der christlichen Tradition der ARS MORIENDI, der Kunst zu sterben. In diesem Traditionsstrom sehe ich auch unsere heutigen Überlegungen, will und kann dazu jetzt aber nur soviel sagen: Die christliche Sterbekunst hat sich immer als Teil der Lebenskunst verstanden, weil sie das Lebensende im Licht der Botschaft der ‚Auferstehung' sah, des ‚ewigen' Lebens, das auf das zeitliche Leben ausstrahlt und Gestaltungskraft für das Leben

---

[1] Vgl. Eberhard Jüngel: Der Tod als Geheimnis des Lebens, in: ders., Entsprechungen: Gott, Wahrheit, Mensch. Theologische Erörterungen II, München 1980, S. 344.

jetzt auch angesichts des Sterbenmüssens schenkt. Darum enthält sie auch keine Kunstregeln für das, was man in der nicht-christlichen Antike unter dem „Guten Tod", der „Euthanasia", verstand, nämlich durch eigene Gedanken- und Willensstrebungen zu einem Sterben in stoischer Ruhe und Gelassenheit zu gelangen und notfalls selbst Hand an sich zu legen oder sich aktiv töten zu lassen.

Dagegen verzichtet christliche Sterbekunst als Teil von Lebenskunst auf Handlungsanweisungen, mit Ausnahme des persönlichen Beistands und des Gebets, auch des gemeinsamen. Ihr Charakteristikum liegt gerade in der Hinnahme des Sterbens kraft Jesu Hingabe seines Lebens, die eine Hineinnahme in sein Leben ganz bei Gott bewirkt. Auch das Schwierige und Schwere des Sterbens - und aufgrund fehlender wirksamer Schmerzmittel war damals eigentlich jedes Sterben schwierig und schwer - wussten sich unsere Mütter und Väter im Glauben vorweg- und hineingenommen in das Sterben Jesu und damit den Tod, so sehr das Sterben noch ausgehalten werden musste, so schwer auch sie der Abschied ankam, im Kern überwunden. Diese Lebensmöglichkeit erschloss sich ihnen in der Meditation der Leiden Christi.

Die Choraldichterin drückt es so aus: *Ich habe Jesus angezogen / schon längst in meiner heilgen Tauf; / du bist mir auch daher gewogen, / hast mich zum Kind genommen auf. / Mein Gott, mein Gott, ich bitt durch Christi Blut: / mach's nur mit meinem Ende gut.* Mit diesen Worten bekennt sich Ämilie Juliane von Schwarzburg-Rudolstadt zu ihrer ‚pathischen Existenz': ein Menschenkind zu sein, das grundsätzlich angewiesen ist und grundsätzlich auf ein Ende hin lebt - ein Ende, das im christlichen Verständnis freilich das Tor zu einem neuen Anfang ist.

In diesem Sinn gehört es zum Christsein, um das Pathische unserer Existenz, um die Rezeptivität des Lebens zu wissen, ohne dabei in eine bloße Passivität zu verfallen. Denn gerade *das* ist eine besondere Gestaltungs*aufgabe* und gerade *dazu* gehört eine besondere Gestaltungs*kraft*: das eigene Angewiesensein, ja, die eigene kreatürliche Abhängigkeit mit in die persönliche Lebensführung hineinzunehmen. In dieser Weise bewusst „abschiedlich" zu leben, bedeutet ja gerade, angesichts unserer Sterblichkeit das Leben verstehen zu lernen als etwas, über das nicht wir selbst verfügen, sondern das - wie in der Geburt - an uns geschieht. Wir sind das Machen gewohnt. Umso schwerer fällt es uns, uns von Macherzwängen zu verabschieden! Wie schwer ist es doch zu sterben in einer Gesellschaft der Sieger![1] Sterben und Tod enthalten freilich auch die Botschaft: Du *musst* jetzt nichts mehr tun! Du kannst zur Ruhe kommen im großen Sabbat Gottes! Und *am Ende bist du noch immer bei Gott,* wie es in Psalm 139 Vers 18 heißt.

So bittet die Choraldichterin um ein gutes Ende dadurch, Gott selbst möge es mit ihrem Ende gut machen. Und das heißt, sie möge - wie auch immer ihr Sterben sich vollzieht - in Gnaden angenommen und aufgenommen sein in Gottes ewiges Friedensreich, in dem alle Tränen abgewischt, in dem Tod und Trauer, Leid und Geschrei aufhören werden (nach Offenbarung 21,4). Damit stellt sie zugleich ganz Gott anheim, was denn ein gutes Ende sei, welches Ende ihr gut tun werde.

Aber ist diese Haltung noch zeitgemäß?! Wäre sie uns Heutigen überhaupt möglich?! Müssen wir nicht, statt zu bitten MACH'S MIT MEINEM ENDE GUT, konkret selbst herausfinden und präzise festlegen, was wir für ein gutes Ende halten?!

Die neuen Regelungen zur Patientenverfügung, die aufgrund einer Änderung der Paragraphen 1901 und 1904 BGB (Abschnitt ‚Betreuungsrecht') ab dem 1. September diesen Jahres gelten und auf die einzugehen ich ausdrücklich gebeten wurde, scheinen eben diese Sprache zu sprechen. Sie gehen nämlich davon aus, dass in einer Gesellschaft, in der aufgrund enorm gesteigerter medizinischer Möglichkeiten Leben um Tage, Wochen, Monate, Jahre, ja, Jahrzehnte verlängert werden kann, wir alle unausweichlich vor der Aufgabe stehen, für uns selbst zu bestimmen, welche medizinischen und pflegerischen Maßnahmen wir uns wünschen und zulassen oder welche wir ablehnen und untersagen. Wer wird eine Lebensverlängerung wollen, die nur eine bloße Sterbeverlängerung bedeutet?! Viele können das nur als Würdeverlust empfinden.

Doch um zu einem begründeteren Urteil und einem angemessenen Umgang mit der ‚Patientenverfügung' zu gelangen, ist ein genauerer Blick auf die neuen Regelungen nötig, wenngleich dieser hier und jetzt nur als erster Überblick möglich

[1] Fulbert Steffensky: Mut zur Endlichkeit. Sterben in einer Gesellschaft der Sieger, Stuttgart 2007.

ist. Also hebe ich jetzt in 7 Punkten hervor, was besonders wichtig an der 3. Änderung des Betreuungsrechts ist; auf Näheres gehe ich gerne in der Diskussion ein:

1. Eine ,Patientenverfügung' zu errichten, ist ein Angebot des Gesetzgebers, das niemand annehmen muss, aber jeder nutzen kann, der volljährig und einwilligungsfähig ist und dieses in einfacher schriftlicher Form tut, wobei weder eine Wiederholung noch eine notarielle Beglaubigung erforderlich sind.

2. Eine ,Patientenverfügung' legt den zulassenden wie den untersagenden persönlichen Willen im Voraus fest für einen Zeitpunkt, zu dem ein Mensch aufgrund einer Erkrankung außerstande ist, sich einen Willen zu bilden und diesen zu äußern.

3. Diese ausschließlich gesundheitsbezogene Vorausverfügung bezieht sich auf alle Untersuchungen des Gesundheitszustands, Heilbehandlungen und medizinische Eingriffe, bevor diese notwendig werden und um diese zu bejahen oder zu verneinen. Dabei spielt es keine Rolle, um welche Krankheit es sich handelt und in welchem Stadium sie sich befindet, ob z. B. die Sterbephase erreicht ist oder dieses erst zu einem sehr viel späteren Zeitpunkt - z. B. in 1 Jahr oder in 5, 10 oder 20 Jahren - der Fall sein wird; es gibt also keine ,Reichweitenbegrenzung'.

4. Wer eine ,Patientenverfügung' errichtet, kann - und sollte - eine Vertrauensperson mit einer Vorsorgevollmacht und möglichst auch einer Betreuungsvollmacht betrauen, die im Fall der eigenen Einwilligungsunfähigkeit als Stellvertreter anstelle einer vom Betreuungsgericht bestimmten möglicherweise fremden Betreuungsperson dem Patientenwillen „Ausdruck und Geltung verschafft".

5. Die bevollmächtigte bzw. mit der Betreuung beauftragte Person hat nach einer ärztlichen Indikation mit Maßnahmevorschlag zu prüfen, ob die im Voraus in der ,Patientenverfügung' getroffenen Festlegungen mit der tatsächlichen aktuellen Lage des Patienten übereinstimmen. Ist dieses der Fall, ist die ,Patientenverfügung' im Vollsinn für alle Beteiligten, auch für den Arzt und die Pflegenden, verbindlich; ist dieses nicht der Fall, gilt sie als beachtliches Indiz zur Ermittlung des mutmaßlichen Patientenwillens.

6. Sind sich Arzt und Betreuer bzw. Bevollmächtigter über die zu treffende Maßnahme einig, erübrigt sich eine betreuungsgerichtliche Entscheidung; das Betreuungsgericht hat nur zu entscheiden, wenn sich Arzt und Bevollmächtigter bzw. Betreuer uneinig sind.

7. Die verfassungsrechtliche Grundlage dieser Bestimmungen, die dem Patientenwillen Vorrang und Verbindlichkeit verschaffen, ist das Selbstbestimmungsrecht als einer konkreten Wirkung und Anwendung des Menschenwürdegebots.

Dem ist - ich komme nun zu einer Würdigung dieser neuen Regelungen zur ‚Patientenverfügung' - aus christlicher Sicht nur zuzustimmen. Die ganze biblisch-christliche Tradition, namentlich die beiden Aussagen, jeder Mensch sei Gottes Ebenbild und Gott nehme den Menschen ohne Vorleistungen und Vorbehalte an, was Luther die „Rechtfertigung allein aus Gnaden um Christi willen" nannte, läuft auf die andere Aussage hinaus, dass jedem Menschen eine unverlierbare Würde verliehen und eingestiftet ist. Die Taufe ist, gerade als Ruf zum Glauben, der Auftrag zu selbstständiger Lebensgestaltung. Darin ist jeder Mensch unvertretbar, es sei denn, er setze von sich aus, „freiverantwortlich", eine andere Person ein, die ihn vertritt. Auch dieser Gedanke der „Stellvertretung" ist ein unverwechselbar christlicher, sein Urbild ist Jesus Christus selbst in seinem Leben, Sterben und Auferstehen *für uns.* In diesem Sinn gehört es unabdingbar zur Würde aus Glaube, Hoffnung und Liebe, verantwortlich am Leben teilzuhaben und das Leben selbstständig mitzugestalten. Aufgrund seiner Menschenwürde kommen jedem Menschen gleichwertige Teilhaberechte zu und damit das Recht auf Selbstbestimmung.

Dieses Selbstbestimmungsrecht ist das Recht jedes einzelnen Menschen, ob Christ oder nicht, aber es ist doch kein nur aus der Perspektive des Einzelnen her zu begreifendes und zu handhabendes Recht. Es ist ein Individualrecht, das aber doch vor einem individualistisch verengten Verständnis und Gebrauch zu schützen ist. Es gehört zum Unverwechselbaren des christlichen Verständnisses vom Menschen, die eigene Würde als von Gott verliehene Würde zu erkennen. Und zu wissen: Weil *Gott* mich dazu bestimmt hat, deshalb kann ich mich selbst bestimmen. Dieser

Einstellung zufolge wird die menschliche Autonomie nicht als etwas Absolutes, Grenzenloses, gleichsam Beziehungsloses missverstanden und gegen Gott und die Mitmenschen ausgespielt.

Warum stelle ich gerade im Blick auf das Thema ‚Patientenverfügung' eine derartige Überlegung an? Weil sie - durchaus mit gutem Grund, durchaus zu Recht und ganz im Sinne unserer vom Grundgesetz geprägten Rechtsauffassung - qua Selbstbestimmungsrecht den Patientenwillen zur Hauptsache macht. Dadurch kann sich ‚durch die Hintertür' das Missverständnis einer isolierten Selbstbestimmung herausbilden. In dem Interesse nämlich, den Patientenwillen durchsetzen zu wollen, kann übersehen werden, dass aus medizinischer Sicht Patientenwille und Patientenwohl in einen Widerspruch geraten können: Wo der Arzt noch helfen könnte, kann ein Mensch seinen Tod bereits vorab festgelegt haben. Eine ‚Patientenverfügung' kann zwar mündlich oder durch Gesten aktuell widerrufen werden, aber dazu kann es in bestimmten Situationen auch zu spät sein. Damit steht die andere Frage im Raum: Will ich auch später, namentlich in Todesnähe, immer noch, was ich jetzt will? Es kann eine Differenz zwischen damaligem und derzeitigem Selbst geben.

Zudem zeigt die Notwendigkeit, eine Person mit einer Vorsorgevollmacht auszustatten, die in gesundheitlichen Angelegenheiten die volle Stellvertreterrolle ausübt, wie sehr doch eine ‚Patientenverfügung' eine „gestützte Selbstbestimmung" (Reiner Anselm) darstellt.

Die christliche Sicht des Menschen ist also ganz realistisch, ganz lebensnah, wenn sie im Unterschied zu einer individualistisch-liberalistischen Sichtweise betont: Der Mensch lebt immer nur in „relativer Autonomie". Mit anderen Worten: Ich lebe immer in Beziehung und aus Beziehung heraus. Dazu ist die ‚Patientenverfügung', in rechter Weise gehandhabt, ein hilfreiches Mittel: Mit anderen Menschen - mit Menschen, die mir nahe stehen und denen ich mich anvertrauen kann - gemeinsam zu klären, was mit mir geschehen soll, wenn mir Krankheit widerfährt und mein Ende naht. Das heißt zugleich, wie vorhin schon angedeutet: Zu meiner Selbstständigkeit und Selbstbestimmung gehört, mein Angewiesensein und meine Abhängigkeit anzuerkennen und anzunehmen.

Ein Christenmensch wird seine Selbstbestimmung in einer zweifachen Perspektive wahrnehmen: Wie bestimme ich mich selbst und was ist mir bestimmt? Anders gesagt: Wenn *mein* Wille gelten soll, was ist dann *Gottes* Wille für mich? Das Schwere, das mir widerfährt - und Leben ist im Kern Widerfahrnis -, muss keineswegs das Schlechte sein. Es kommt in jeder Lebensphase, auf jeden Fall im Blick auf das Lebensende darauf an, eine angemessene *Balance* zwischen Verändern und Hinnehmen, zwischen Widerstand und Ergebung anzustreben und den eigenen Willen in den Willen Gottes einzubetten. *Mein Vater, ist's möglich, so gehe dieser Kelch an mir vorüber; doch nicht wie ich will, sondern wie du willst.* (Matthäus 26,39)

Diese Balance muss immer wieder neu gesucht werden, aber sie lässt sich finden. Die entscheidende Voraussetzung dazu ist ein angemessenes Verständnis von Würde. Das christliche Würdeverständnis sperrt sich dagegen, die menschliche Würde aus seinen Fähigkeiten heraus zu bestimmen, z. B. aus seiner Leistungskraft, seiner Wahrnehmungs-, Äußerungs- und Handlungsfähigkeit sowie seiner Fähigkeit zur Selbstbestimmung. Der Maßstab für unsere Würde und die Quelle unserer Kraft liegen nicht in unseren Eigenschaften, sondern in unserer Beziehung zu Gott und zu unseren Mitmenschen. Darin wird uns die stets neu auszutarierende Balance zwischen Verändern und Hinnehmen, zwischen Umgestalten und Belassen, zwischen Verweigern und Zulassen geschenkt. Sie wird uns geschenkt, wie sie Jesus Christus geschenkt wurde, der nicht am Allerschwersten ‚vorbei', der aber ‚hindurch' kam, dem sich jenseits des Sterbens neues Leben eröffnete. Was ich mit alledem meine, sage ich ganz persönlich: Der Sinn meines Lebens liegt jenseits der Intaktheit meiner Sinne! Und, noch einmal: *Am Ende bin ich noch immer bei Gott.*

Weil *Gott* uns unendliche Würde verleiht, ist sie unverlierbar. Unsere Würde ist eine Beziehungswürde, eine Mitgiftwürde, die uns als Gotteskindern innewohnt. Sie ist keine Eigenschaftswürde, die abhängt von zufälligen äußeren Faktoren, wie Herkunft, Vermögen, Bildungschancen und dergleichen mehr. Lässt sich die Menschenwürde überhaupt anders begründen, wenn sie denn für alle in allen

Lebenslagen und allen denkbaren Zuständen, auch in denen von Gebrechlichkeit und Hinfälligkeit, in Verirrung, Verwirrung und Verzweiflung uneingeschränkt und unangezweifelt gelten soll - und auch wenn der Leib noch lebt, während das bewusste Selbst ins Dunkel des eigenen Vergessens sinkt?

Eine humanistische Begründung der Menschenwürde, die ich sehr hoch achte und die auch wir Christen gegen alle Angriffe zu verteidigen haben, bleibt doch immer angewiesen auf ein in den Zeitläuften wechselndes Verständnis des Humanen und unserer - einmal starken, einmal schwachen - Fähigkeiten zum Humanum. Sie ist höchst prekär und instabil, ist doch unser Denken und Wirken, gerade wo wir Verantwortung wahrnehmen, irrtumsanfällig und schuldbehaftet. Humane Verantwortung verlangt, ruft nach Vergebung, kann sie aber selbst nicht leisten. Ein afrikanisches Sprichwort lautet: „Das Wort, das dir weiterhilft, kannst du dir nicht selbst sagen. Du brauchst einen anderen, der es dir sagt."

Diesen Gedankenkreis werde ich alsbald wieder aufnehmen. Für jetzt halte ich fest: Die ‚Patientenverfügung', die abzufassen ich grundsätzlich empfehle, drängt uns dazu, für uns zu klären, was wir eigentlich unter „Würde" verstehen.

In einer ‚Patientenverfügung' sind Willensbekundungen, die sich auf eine „Tötung auf Verlangen" oder einen „ärztlich assistierten Suizid" richten, unbeachtlich und unwirksam. Beides bleibt in Deutschland untersagt. Insofern hat das Thema ‚Patientenverfügung' nichts mit dem Thema zu tun, das ich nun kurz anspreche, weil es uns in den nächsten Jahren beschäftigen wird. Der Deutsche Juristentag hat sich im Jahr 2006 für eine - wenngleich stark regulierte - rechtliche Zulassung des „ärztlich begleiteten Suizids" ausgesprochen. Zu diesem Themenkomplex hat die Ev. Kirche in Deutschland vor genau einem Jahr eine kritische Stellungnahme unter dem Titel „Wenn Menschen sterben wollen" veröffentlicht (EKD-Text 97).

Aufgrund eigener seelsorglicher Erfahrung kann ich ihr nur zustimmen. Ganz gewiss gibt es Lebenslagen von solcher Individualität, dass sie sich jeder allgemeinen Betrachtung und Bewertung verweigern, vor allem einer moralischen Verurteilung. Gleichwohl führt das EKD-Votum u. a. überzeugende Argumente dafür an, warum aus einer individuellen Notlage noch kein Anspruch an die ganze

Gesellschaft auf rechtliche Regelung im Sinne der Zulassung abgeleitet werden kann. Darauf kann ich in der Diskussion näher eingehen. Jetzt belasse ich es bei dem Hinweis auf einen hintergründigen Zusammenhang: Aus der Tötung *auf* Verlangen könnte die Tötung *ohne* Verlangen werden.

Mit dieser Debatte hängt eine andere zusammen: Im Blick auf die Regelungen in den Niederlanden und Belgien erwarte ich eine Neuauflage der „Euthanasie"-Diskussion. In der Schweiz sind die Zürcher Staatsanwaltschaft und die Sterbehilfe-organisation EXIT dabei, eine Vereinbarung über die aktive Sterbehilfe - Punkt für Punkt und nach „Qualitätsstandards" - zu treffen.

Sterben und damit auch Sterbegleitung vollzieht sich heute in einer Gesellschaft, in der unfassbar - um nicht zu sagen: ungeheuer - viel gemacht werden kann. Wo das Selbstbestimmungsrecht nicht in seiner Relationalität und Relativität verstanden und angewandt wird, kann sich das Missverständnis und Missverhältnis einstellen, selbst noch Sterben und Tod, gerade weil an ihnen die menschliche Handlungsmacht endet, der menschlichen Handlungsmacht unterwerfen zu wollen: „Wann und wie ich sterbe, das bestimme ich, ich ganz allein!" Aber das triebe doch die Widersprüche, die das Leben ohnehin - reichlich - in sich birgt, in eine schwindelerregende Höhe, wollte man menschliche Handlungsmacht durchsetzen eben dort, wo sie begrenzt, heilsam begrenzt ist: in Sterben und Tod. Als Menschen, die um Christi willen auch in ihrer Ergänzungsbedürftigkeit und ihrer Endlichkeit, in ihrer Unvollständigkeit und ihrer Unfertigkeit bei Gott ankommen und angenommen sind, brauchen wir uns nicht der Tyrannei gelingenden Lebens - und sei es, dass das Sterben nach unseren Vorstellungen gelingen soll - zu unterwerfen. Denn Jesus Christus befreit uns zur „gelingenden Halbheit" und „gesegneten Unvollkommenheit" (Fulbert Steffensky), der Glaube, die Hoffnung und die Liebe, die von ihm ausgehen und auf ihn setzen, schenken uns die „Freiheit zum Fragment". Auch diesen Gedanken werde ich noch einmal aufnehmen und zuspitzen.

Der jetzt folgende Einschub knüpft daran an, dass das Wichtigste an der ‚Patientenverfügung' die Vorsorgevollmacht und die Bestellung eines bzw. einer Bevollmächtigten, also einer Person des Vertrauens ist. Von solchen vertrauenswürdigen Personen, die gleichsam für andere einspringen, wie Jesus Christus es für uns alle getan hat, spricht die frühchristliche Gemeinderegel im Jakobusbrief, Kapitel 5, Verse 13 bis 16.

Der Kern dieser Gemeinderegel besteht in einem beidseitigen Geschehen: Wer krank ist, soll die Ältesten der Gemeinde zu sich rufen und diese sollen die Kranken besuchen, mit ihnen und für sie beten, sie salben und segnen. So haben die Christen die Kranken nicht auf Abstand gehalten, wie es in der Antike weithin üblich war, sondern gerade *sie* als Glieder am Leibe Christi beachtet und in der Gemeinschaft gehalten. Sie haben auch niemanden „gesundbeten" wollen, aber sie haben um Gesundheit gebetet. Im Beten werden fern unrealistischer Ansprüche gleichwohl elementare Lebenswünsche bewahrt und ausgedrückt. Und indem die Kranken gesalbt und gesegnet wurden, wurde ihre gleichsam königliche und priesterliche Würde anerkannt bzw. erneuert. Denn gesalbt wurden eigentlich nur Könige und Priester. Mithin ist der verletzliche, hinfällige, sterbliche Mensch ein König und Priester, gerade dem fragilen und fragmentarischen Menschsein wohnt eine unverlierbare und unüberbietbare Würde inne, von Gott her, kraft Jesu Lebenshingabe.

Dann gibt es da noch eine Notiz, die uns Heutigen seltsam anmuten könnte: *„Bekennet einer dem anderen die Sünden..."* (Jakobus 5,16). Damit ist nicht gemeint, Krankheit sei die Folge einer Sündentat - diese Auffassung hat Jesus abgelehnt. Es geht um etwas ganz anderes: Nicht der Kranke soll seine Sünden bekennen, sondern die Gemeinde. „Sünde" ist aber keine einzelne menschliche Tat und moralische Verfehlung, sondern Gemeinschaftsferne, d. h. ein Lebensverständnis und eine Lebensweise, in der kranke Menschen keinen Platz in der Gemeinschaft bzw. Gemeinde haben. Im Bekennen der Sünden - wohlgemerkt: nicht durch den Kranken, sondern die Vertreter der Gemeinde - wird die Gemeinde sich der Störung der Gemeinschaft bewusst, zugleich ist es die Öffnung für neue Gemeinschaft und neue Gemeinschaftstreue, gerade auch mit den kranken Menschen.

Auf welche gesellschaftlichen Verhältnisse trifft diese alte Gemeinderegel heute? Schon Anfang der 90er Jahre des letzten Jahrhunderts hat der Wiener Soziologe und Gerontologe Leopold Rosenmayr unsere Gesellschaft eine „Gesellschaft des längeren Lebens“ genannt. „Gesellschaft des längeren Lebens“ - das ist eine treffende und einprägsame Charakterisierung, die u. a. folgende Erscheinungen und Entwicklungen auf den Punkt bringt:[1]

> Noch liegt das Durchschnittsalter der Weltbevölkerung bei 28 Jahren, im Jahr 2030 aber wird es bereits etwa 35 Jahre betragen.

> In den reichen Industrieländern verbringen die Menschen aufgrund der modernen Medizin, eines veränderten Gesundheitsbewusstseins, mehr Bildung und eines höheren Lebensstandards mindestens ein Drittel ihres Lebens als Ältere.

> In Deutschland hat sich in den letzten 100 Jahren die Zahl der über 60-Jährigen von 4,4 Mio. auf 18 Mio. vervierfacht; im Jahr 2030 wird etwa jeder dritte deutsche Bürger älter als 60 Jahre sein.

> Die „Altersforschung“ ist zur „Alternsforschung“ geworden, weil sich die Lebensphase „Alter“ heute in folgende „Alternsphasen“ ausgefächert hat: die 50plus-Generation, die 65plus-Generation, die 80plus-Generation; da die Lebenserwartung steigt, wird es bald eine 90plus-Generation geben. Eine andere mögliche Typologie unterscheidet in englischer Terminologie die Phasen »1. go, go, 2. go slow und 3. no go«. Eine andere Unterscheidung ist diese: »Spätes Berufsleben und nahende Pensionierung; autonomes Rentenalter; fragiles Rentenalter; abhängiges Alter«.

> Mit der höheren Lebenserwartung nimmt auch der Anteil der Hochaltrigen zu. Im Jahr 2000 waren etwa 350.000 Deutsche mindestens 90 Jahre alt, im Jahr 2020 werden es etwa 1 Mio. sein, also etwa zweimal die Gesamteinwohnerschaft Hannovers.

> Anders gesagt: Im vergangenen Jahrhundert stieg die Zahl der 100-Jährigen in Deutschland von etwa 40 auf über 7.000, bis zur Mitte dieses Jahrhunderts werden fast eine viertel Million Bundesbürger über 100 Jahre alt sein.

---

[1] Ohne Detailnachweise beziehe ich mich vor allem auf folgende Literatur: „Koordination und Integration - Gesundheitsversorgung in einer Gesellschaft des längeren Lebens“ - Sondergutachten 2009 des Sachverständigenrats zur Begutachtung der Entwicklung im Gesundheitswesen (Kurzfassung: <www.svr-gesundheit.de>); Horst W. Opaschowski: Wir werden es erleben. Zehn Zukunftstrends für unser Leben für morgen, Darmstadt 2002.

> Damit weitet sich die „Senesquenz-Phase“ aus, die für Altersbeschwerden und Krankheitssymptome besonders anfällig ist und die Unausweichlichkeit des körperlichen und geistigen Abbaus zeigt, und zwar in umso drastischerer Weise, als relativ gute Gesundheitszustände in ein immer höheres Alter reichen.

Im Blick auf die Fragen, die uns heute hier beschäftigen, konzentriere ich mich nun auf Folgendes:

1. Je länger die Menschen - und das sind wir - leben, desto langlebiger werden auch die z. T. früh erworbenen chronischen Erkrankungen, z. B. Asthma und Diabetes, ebenso die sog. Behinderungen.

2. Mit dem Älterwerden steigt auch die „Multimorbidität“, also die Zahl der Mehrfacherkrankungen: derzeit geht man bei 70- bis 90-Jährigen von 5 bis 9 nebeneinander existierenden Krankheiten aus. Allerdings werden zwei unterschiedliche Morbiditätsmodelle diskutiert: nach dem Modell der Morbiditätsexpansion nehmen die Erkrankungen im Laufe des Alterns generell zu, nach dem Modell der Morbiditätskompression konzentrieren sich die Erkrankungen in den letzten Lebensjahren, kulminieren dann aber auch. Auf jeden Fall ist zu beachten, dass „Multimorbidität“ mehr ist als die Summe der Einzelerkrankungen.

3. Insgesamt ist die Entwicklung widersprüchlich: einerseits gleichen die 80-Jährigen von heute den 60-Jährigen von früher, andererseits steigt die Pflegebedürftigkeit und Pflegewahrscheinlichkeit. Derzeit sind 2,13 Mio. Deutsche im Sinne des Pflegegesetzes[1] pflege- und etwa weitere 2 Mio. hilfsbedürftig, davon sind annähernd zwei Drittel Frauen und über 70 Jahre alt.

4. Eine besondere Aufmerksamkeit muss den an „Demenz“ erkrankten Menschen gelten, deren Zahl von derzeit 1,4 Mio. auf etwa 2,2 Mio. in 10 Jahren steigen wird. Derzeit ist davon auszugehen, dass von 4.000 Gemeindegliedern - wegen zu vermutender Dunkelziffer - mindestens 50 eine dementielle Erkrankung haben. Das kirchliche Faltblatt „Herausforderung Demenz - Eine Entscheidungs- und Planungshilfe“ beginnt mit den Worten:

---

[1] Im Sinne von SGB XI, davon Pflegestufe 1: 1,07 Mio., Pflegestufe 2: 770.000, Pflegestufe 3: 280.000.

In unserer alternden Gesellschaft wird Demenz mehr und mehr zur Alterskrankheit der Zukunft. Bereits heute sind 6 Prozent der über 65-Jährigen, 20 Prozent der über 80-Jährigen und mehr als 30 Prozent der über 90-Jährigen demenzkrank. ... Drei Viertel aller chronisch Kranken, zu denen die Menschen mit Demenz gehören, werden zu Hause gepflegt. Auch die pflegenden Angehörigen gehören zur Generation der Älteren. Sie sind in der Mehrzahl 60 bis 80 Jahre alt. Alte Ehefrauen pflegen ihre Männer, alte Töchter ihre sehr alten Eltern.

5. Das Sondergutachten 2009 des Sachverständigenrats zur Begutachtung der Entwicklung im Gesundheitswesen prognostiziert, dass die Gruppe der Pflegebedürftigen im Jahr 2050 auf 4,35 Mio. angewachsen sein, sich also mehr als verdoppelt haben wird. Das Sondergutachten fasst Lage und Prognose in Abschnitt 81 so zusammen:

Pflegebedürftigkeit ist in den Gesellschaften des langen Lebens zu einem ... bestimmenden Gesundheitsrisiko geworden. Der Zustand eines Menschen mit Pflegebedarf ist durch ein Höchstmaß körperlicher, psychischer und sozialer Vulnerabilität gekennzeichnet, die dazu führt, dass der Lebensalltag nur mit fremder Hilfe aufrechterhalten werden kann. Obgleich nicht übersehen werden kann, dass auch Kinder oder junge Erwachsene u. a. nach einem Unfall schwerst pflegebedürftig sein können, zeigen die altersspezifischen Pflegequoten, dass Pflegebedürftigkeit im Alter kumuliert. 82 % aller Pflegebedürftigen sind 65 Jahre alt oder älter. Jeder dritte Pflegebedürftige in Deutschland hat das 85. Lebensjahr bereits überschritten. Im Alter über 90 Jahre ist die Hälfte der Bevölkerung in Deutschland pflegebedürftig. Frauen sind häufiger als Männer betroffen. Pflegebedürftigkeit muss in Zukunft als spezifisches Gesundheitsrisiko von Frauen und Männern behandelt werden, die hochaltrig werden. Pflegebedürftigkeit ist eine Gesundheitslage, die im Vergleich zu anderen Erkrankungsrisiken komplexere Versorgungsanforderungen in vielfacher - z. B. medizinischer, pflegerischer, hauswirtschaftlicher, sozialer - Hinsicht auslöst.

So geht aus dem Sondergutachten unbestreitbar hervor, dass „Pflege“ ein zentraler Faktor unserer Sozialkultur ist. Ja, man wird sagen müssen: Was Kultur ist, wird erst wirklich erkennbar an unserer Bereitschaft zur und unserem gesellschaftlichen Aufwand für die Pflege von Menschen, nicht zuletzt also daran, was wir sie uns kosten lassen.

Dabei ist - neben den Finanzierungsfragen - zu berücksichtigen: Die familiären und sozialen Netze werden kleiner. Die Zahl der Menschen, die einen Pflegeberuf ergreifen können, wird niedriger. Der ländliche Raum dünnt sich aus. Also sind neue Konzepte der ortsnahen Primärversorgung mit engen Kooperationen zwischen Allgemeinärzten, Fachärzten, Kliniken, Apotheken, Physiotherapiepraxen, Palliativdiensten und weiteren Diensten im psychosozialen Bereich nötig. Vor allem gehört dazu die Mitarbeit von Ehrenamtlichen, die dafür natürlich Fortbildung und Begleitung und Anerkennung brauchen! Dann werden auch unsere Kirchengemeinden, z. B. mit ihren diakonischen und Besuchsdiensten, eine unverzichtbare, impulsgebende, tragende Rolle spielen bzw. spielen müssen. Übrigens auch die Wohnungswirtschaft und die Stadt- und Verkehrsplaner, denn ganz wichtig sind altersgerechte Wohnungen, Verkehrs-, Umwelt- und Umgebungsverhältnisse.

Trifft es zu, dass alle ‚alt' werden wollen, aber niemand ‚alt' sein will? Mit dieser Haltung würde unsere Gesellschaft scheitern. Auch hier gilt: Eine Aufgabe kann ich nur lösen, wenn ich sie annehme. Also will auch das Altern und das Alter angenommen werden, ebenso die Tatsache, dass Menschen in engeren Grenzen leben müssen, krank sind oder werden und - trotz statistisch steigender Langlebigkeit - vor dem Alter sterben, z. B. Kinder und Jugendliche, wie es in Kinderhospizdiensten geschieht. MACH ES MIT MEINEM ENDE GUT - diese Bitte gilt für alle Altersstufen.

Im Blick auf unsere kirchengemeindliche Praxis sind diese Fragen gut aufgearbeitet in dem letzten Heft der Besuchsdienstarbeit im Haus kirchlicher Dienste: „'...und ihr habt mich besucht' - Besuche bei Kranken zu Hause".

MACH' ES MIT MEINEM ENDE GUT: Wir haben die Möglichkeit dazu, wenn wir einen Grundsatz beherzigen, der ganz im Sinn der biblisch-christlichen Perspektive auf das Kranksein, das Altwerden und das Sterben von Bundespräsident Horst Köhler so formuliert wurde: *Ein Mensch soll nicht durch die Hand eines anderen Menschen, sondern an der Hand eines anderen Menschen sterben.*

Sein Leben an der Hand eines anderen Menschen zum Ende hin leben zu können und so ein gutes Ende zu erfahren, das ist - bei allen höchst unterschiedlichen Vorstellungen und Wünschen im Blick auf das Sterben, die Menschen heute haben - sicher der am häufigsten geäußerte Wunsch. Dabei ist zu beachten, dass nach aktuellen Umfragen - in Großstädten zwar schwächer, aber im ländlichen Raum dafür umso stärker - der Wunsch nach häuslicher Pflege und Sterben zu Hause gegenüber dem nach Heimpflege und Sterben in Heim oder Klinik eindeutig Vorrang genießt.

Sein Leben an der Hand eines anderen Menschen zum Ende hin leben zu können und so ein gutes Ende zu erfahren, das ist Anliegen und Ansatz der PALLIATIVMEDIZIN, die mit dem Hospizgedanken eng verbunden ist.

Was ist Palliativmedizin? Der Ausdruck kommt von lat. ‚pallium' > Mantel, bedeutet also soviel wie Schutz und Schonung. Die ‚Deutsche Gesellschaft für Palliativmedizin (DPG)' definiert sie so:[1] *Palliativmedizin ist die Behandlung von Patienten mit einer nicht heilbaren progredienten und weit fortgeschrittenen Erkrankung mit begrenzter Lebenserwartung, für die das Hauptziel der Begleitung die Lebensqualität ist. - Palliativmedizin soll sich dabei nicht auf die letzte Lebensphase beschränken. Viele Grundsätze der Palliativmedizin sind auch in frühen Krankheitsstadien zusammen mit der kausalen Therapie anwendbar. Palliative Zielsetzungen können in verschiedenen organisatorischen Rahmen sowohl im ambulanten wie im stationären Bereich verfolgt werden.*

Im Blick auf dieses Zitat betone ich: Ziel des palliativmedizinischen und hospizlichen Umgehens ist die Verbesserung oder Erhaltung der Lebensqualität statt einer Lebensverlängerung um jeden Preis. Insofern gilt grundsätzlich das Motto der Hospizbewegung, dem Leben nicht mehr Tage, sondern den Tagen mehr Leben zu geben. Ebenso möchte ich hervorheben, dass palliativmedizinische Maßnahmen auch im Bereich der kurativen Medizin eine wichtige Rolle spielen, es also um mehr

[1] Zit. n. Wegweiser Hospiz und Palliativmedizin Deutschland 2006 / 2007, S. 16f.

als einen Therapiewechsel vom Kurativen zum Palliativen in der letzten Lebensphase geht. „Palliativmedizin" ist nun endlich ein Prüfungsfach in der medizinischen Ausbildung.

Worum geht es im Einzelnen? Die vier Hauptelemente der Palliativmedizin und der Hospizidee, wie ich sie in der Literatur gefunden habe, sind:

1. optimale Schmerztherapie und Symptomkontrolle;

2. Integration der psychischen, sozialen und spirituellen Bedürfnisse der Patienten, der Angehörigen und des Behandlungsteams sowohl in der Phase der Erkrankung als auch beim Sterben des Patienten und in der Zeit danach;

3. Kompetenz zur Kommunikation und zur Reflexion ethischer Entscheidung;

4. Akzeptanz des Todes als Teil des Lebens. Durch eine eindeutige Bejahung des Lebens soll der Tod weder beschleunigt noch hinausgezögert werden. Palliativmedizin ist eine eindeutige Absage an „aktive Sterbehilfe". Umfragen zeigen, dass die Akzeptanz „aktiver Sterbehilfe" sofort deutlich schwindet, wenn Menschen von den Möglichkeiten der Palliativmedizin erfahren. Denn die allermeisten Menschen wollen vor allem dieses Eine: ein schmerzfreies Lebensende. Insofern möchte ich die These wagen: Wer gegen „aktive Sterbehilfe" und „ärztlich begleiteten Suizid" ist, muss für Palliativmedizin und Hospiz sein!

Wenn es in den letzten Jahrzehnten einen Fortschritt gegeben hat, der diesen Namen verdient, dann sind es für mich die Hospiz- und Palliativdienste. An ihnen ist deutlich geworden, dass Pflege eine zentrale und eminente kulturelle Aufgabe ist, die unsere Gesellschaft sich auch etwas kosten lassen muss. Wir brauchen eine Bürgerbewegung für Palliativ- und Hospizarbeit!

Schon an dieser Stelle füge ich aus kirchlicher Sicht einen weiteren Punkt hinzu, ohne ihn hier ausführen zu können: Es geht ganz besonders auch um eine Trauer- und Bestattungskultur! Die Trauerriten und Bestattungspraktiken haben sich schon differenziert und werden sich weiter differenzieren. Dem sollte die Kirche sich nicht verweigern. Aber eines gehört auf jeden Fall dazu: Die öffentliche und öffentlich erkennbare Erinnerung an den verstorbenen Menschen, der besonders durch seinen Namen und das Gedenken seines Namens gegenwärtig bleibt! Nur kurz merke ich an: Namentlich in Großstädten gibt es inzwischen kirchliche Trauerfeiern für Menschen ohne Angehörige; die Zahl der Menschen ohne Angehörige wird steigen, als Pastor in der See- und Hafenstadt Bremerhaven hatte ich damit schon in den 70er Jahren zu tun. In christlichem Verständnis ist der Tod eines Menschen gleichermaßen etwas sehr Persönliches und durchaus Öffentliches.

Übrigens haben wir - mit erfreulicher Zustimmung - die alte Praxis der „Aussegnung“, die im städtischen Umfeld ganz vergessen schien, angeboten und erneuert. Im Sterben und im Tod weiterhin die Segenskräfte Gottes zu erfahren, das ist heute wieder ein starker Wunsch!

Zurück zu den Palliativdiensten: Es gibt sie als Palliativstationen und Stationäre Hospize, auch als Tageshospize zur psychosozialen Betreuung und für einfachere medizinische und pflegerische Maßnahmen. Die Ambulanten Palliativdienste, zu deren Aufbau bzw. verschiedenen Typen sich etwas in dem schon angesprochenen Wegweiser findet, helfen den Patienten, wenn eine zufriedenstellende Symptomkontrolle erreicht ist, ihren letzten Lebensabschnitt in der vertrauten Umgebung zu verbringen. Sie begleiten Patienten und Angehörige, helfen bei der häuslichen Palliativpflege und koordinieren die verschiedenen ärztlichen, pflegerischen und sozialen Dienste, die je nach Schwerpunkt des Palliativdienstes von der psychosozialen Betreuung bis zur umfangreichen medizinischen Versorgung reichen; dafür ist dann eine qualifizierte Ausbildung in Palliativpflege und Symptomkontrolle Voraussetzung. Die Ambulanten Palliativdienste sind ohne ehrenamtlich Mitwirkende nicht denkbar, zumal das hauptamtliche Team häufig recht klein ist. Ehrenamtliche leisten keineswegs nur Hilfs- und Ersatzdienste, sondern ihren eigenen spezifischen, unersetzlichen Beitrag!

Das Mehr der Palliativmedizin besteht nicht in einem Mehr-Machen, sondern in dem Mehr des In-Ruhe-Sterben-Lassens, des Wartens auf Gottes Handeln, und in dem Mehr, einen Menschen auf seinem letzten irdischen Weg zu begleiten, ihm schonend, schützend und stützend zur Seite zu stehen, ihm nahe zu sein in der Kraft der Nähe Jesu Christi zu uns allen in unserer besonderen Lebenslage.

Dieses ganz eigene „Mehr" im Verzicht auf ein „Mehr-Machen" verbindet sich mit einem weiteren Charakteristikum der Palliativdienste: Eine umfassende Betreuung der Patienten und ihrer Angehörigen erfordert ein MULTI-DISZIPLINÄRES TEAM, zu dem neben Pflegepersonal und Ärzten auch Sozialarbeiter, Psychologen, Physiotherapeuten und keineswegs zuletzt, sondern vor allem Seelsorgende gehören. Dabei unterstreiche und unterstütze ich die Forderung, neben den hauptamtlich Mitarbeitenden für die Integration ehrenamtlich Mitarbeitender zu sorgen. Dabei denke ich überhaupt an Menschen, die helfen wollen und können, speziell an Mitglieder von Hospizinitiativen, auch an Angehörige ehemals betreuter Patienten. Von einigen Einrichtungen und Initiativen werden auch „Trauergruppen" angeboten.

Aufgrund der neuen Gesetzgebung zur Stationären und Ambulanten Palliativ-Versorgung (SAPV) laufen derzeit Verhandlungen mit den Krankenkassen hinsichtlich der Finanzierung von multi-professionellen PALLIATIVE-CARE-TEAMS.

MACH' ES MIT MEINEM ENDE GUT: Zu einer guten Palliative Care gehört auch eine gute Spiritual Care - mit anderen Worten: SEELSORGE. Mittelbar habe ich das Thema SEELSORGE schon angesprochen. Sie bildet im Blick auf die Palliativmedizin und die Sterbebegleitung zweifellos das Zentrum des kirchlichen Auftrags, wie er insbesondere, aber keineswegs allein und ausschließlich von den dafür ausgebildeten Seelsorgerinnen und Seelsorgern ausgeübt werden sollte. Seelsorge kennt viele Formen und ist ein Auftrag an die ganze Gemeinde. Wenn wir nur einmal die Fragen bedenken, die das Thema ‚Patientenverfügung' mit sich bringt, dann sind Seelsorge, Bildungsarbeit, Diakonie und Gottesdienst nicht nur voneinander unterscheidbare kirchliche Handlungsfelder, sondern einander ergänzende, befruchtende und vertiefende Dimensionen kirchlichen Handelns. Sie gehören zur multi-perspektivischen Wahrnehmung des Menschseins, das allemal ein mehrdimensionales Beziehungsgeflecht und -geschehen darstellt.

Infolgedessen sind neue Vernetzungen innerhalb der Kirchengemeinde wie zwischen Kirchengemeinde und Gesundheitswesen auf örtlicher Ebene nötig und möglich, z. B. mit niedergelassenen Ärzten, Apotheken, ambulanten Pflegediensten, Besuchs- und Nachbarschaftsgruppen, Pflegeheimen und Kliniken.

Seelsorge ist immer auch Leibsorge, Leibsorge ist immer auch Seelsorge! Also gehören Fragen wie die des altersgerechten und generationen-übergreifenden Wohnens dazu. Und niemals zu vergessen: Seelsorge gilt ebenso den Angehörigen wie den Pflegenden!

Gleicherweise wird zu beachten sein, dass sich die Bedingungen für Seelsorge verändern: Die sog. Liegezeiten in den Kliniken sind heute schon nahezu halbiert. Immer mehr Menschen verbringen ihre letzten Jahre abwechselnd in der Klinik, zu Hause und in der Kurzzeitpflege, bei manchen ist das ein überaus belastendes Hin und Her. Wann ist da die mögliche und richtige Zeit und an welchem Ort für einen Besuch? Und wie sollen Beziehungen aufgebaut und gepflegt werden, wenn die Menschen in immer höherem Alter und mit immer mehr Erkrankungen in die Pflegeheime kommen und dann nicht selten bald sterben? Ohnehin werden Pflegeheime mehr und mehr zu Sterbeorten.

Eine andere Veränderung, die es in den Blick zu bekommen gilt, ist die Tatsache, dass wir es mit immer mehr Menschen zu tun haben werden - wenn wir es denn überhaupt mit ihnen zu tun bekommen werden -, denen die christliche Botschaft fremd ist oder ganz neu erschlossen werden muss. Die Menschen, die jetzt auf ihr Lebensende zugehen, sind häufig noch traumatisiert durch den 2. Weltkrieg und durch Flucht und Vertreibung. Alsbald wird das die Nachkriegsgeneration sein, die ein bisher nie gekanntes Maß an Wohlstand und Wohlergehen sich erarbeitet und erlebt hat und die demokratische Teilhaberechte, Mitsprache, Mitbestimmung, Wahlmöglichkeiten und Selbstsorge gewohnt sind. Das Zugehen auf das Lebensende ist gerade für die aktiven, partizipationsgeübten, sportlichen, mobilen älteren Menschen eine hochdramatische Änderung der Lebensumstände und -möglichkeiten, der viele sicher auch in Lebens- und Glaubenszweifel und zu Sinnverlusten und -abbrüchen führt, während andere zum ersten Mal ernst- und dauerhaft nach Sinn und Glauben fragen. Wie schnell kann mit dem Lebensfaden der

Sinnfaden zerreißen?! Und wie schwer kann es sein, Anfang und Ende wieder zusammenzubringen?!

Nur mit einem Satz kann ich hier erwähnen, was gleichwohl wichtig ist: Die Situation kranker und älter werdender Migrantinnen und Migranten.

Was aber ist nun - zumal im Blick auf das in Rede stehende Thema - SEELSORGE? Wer sich seelsorglich einem anderen Menschen zuwendet, trägt Sorge für dessen Teilnahme und Teilhabe am Leben. Insofern ist Seelsorge als solche Teilnahme an einer fremden Lebensgeschichte. An fremden Lebensgeschichten teilgenommen gedurft zu haben, ist das größte Geschenk, das mir in nun 35 Jahren Pastorendienst zuteil wurde. Im Horizont der Botschaft von Leben, Sterben und Auferstehen Jesu Christi bedeutet Teilhabe am Leben und Teilnahme an Lebensgeschichten, über die je individuelle Lebenszeit gemeinsam hinausblicken zu dürfen, im Ende einen neuen Anfang zu erblicken, gemeinsam zu hoffen, dass nicht der Tod, sondern Gott das letzte Wort hat. Das ist allemal „Biografiearbeit“, aber eine mit offenem, noch ganz unbekanntem Fortgang.

In diesem Sinn ist es Herausforderung und Ziel der Seelsorge, die Lebenskräfte und den Lebensmut zu stärken. Gerade darum freilich gehören der Zweifel und die Klage dazu. Denn seinen Zweifel auszusprechen und seine Klage herauszubeten, das heißt: zu Ende zu sprechen, was nicht das letzte Wort haben darf und haben wird. Wie Jesus am Kreuz es tat, als er z. B. Psalm 22 betete: „Mein Gott, mein Gott, warum hast du mich verlassen?“ - oder Psalm 31: „In deine Hände befehle ich meinen Geist.“

An Jesus Christus selbst können wir ablesen, dass und wie sehr wir „pathische Existenzen“ sind. Zur Seelsorge, will sie standhalten und widerständig sein gegenüber dem Druck eines bedingungs- und damit gnadenlos immer nur gelingen-*müssenden* Lebens und Sterbens, gehört es deshalb, mit den kranken und sterbenden Menschen zusammen auszuhalten - vor dem Antlitz des Gekreuzigten schweigend und dennoch berührend auszuhalten, was ungetröstet und untröstlich bleibt. Vom „untröstlich Ungetrösteten“ spricht Pastorin Andrea Peschke, die Hospizbeauftragte der Ev.-luth. Landeskirche Hannovers.

Gleichsam ein Zwischenruf: Sterben lässt sich nicht normieren, so wenig wie Leben, das diesen Namen verdient. Und das „qualitäts-gesicherte Sterben" ist, bei allen guten Motiven dahinter, doch eher ein Un-Wort.

Einem Defizitmodell des Alterns und des Alters widersprechen wir und steuern ihm entgegen. Das Alter hat seine ganz eigenen Kräfte. Zu diesen Lebenskräften, die uns im Altern und im Alter zuwachsen, gehört es, christlich verstanden, freilich, die Freiheit zum Fragilen und Fragmentarischen immer wieder neu zu erbitten und einzuüben, in der Verletzlichkeit, Endlichkeit, Unvollständigkeit und Hinfälligkeit, also in der Bruchstückhaftigkeit menschlichen Daseins schon seine Vollendung und Ganzheit zu erblicken. Solche Ausblicke erschließen sich uns am ehesten in sensibel gestalteten Ritualen.

In diesem Sinn erinnere ich zum Schluss an ein altes christliches Bild: Im Laufe der Jahrhunderte wurde im Christentum das Bild des CHRISTUS MEDICUS, des Christus als Arzt, ausgebildet.[1] Könnte und sollte dieses Bild auch uns in der „Gesellschaft des längeren Lebens" mit all ihren Aufgaben, Ansprüchen und Widersprüchen eine Orientierung sein? Der CHRISTUS MEDICUS verbindet zwei Pole unseres Erlebens miteinander: die Genesung und das Leiden. Er ist verborgen in seinem Gegenteil. Jesus begegnete den Menschen wie ein Arzt für Leib und Seele und füllte zugleich das Bild vom leidenden Gottesknecht aus, der unsere Krankheit trug und unsere Schmerzen auf sich lud (nach Jesaja 53). Ein Schmerzensmann, ein verwundeter Heiler. Ein Arzt, der selbst an der Krankheit trägt.

Im Blick auf ihn konnte Martin Luther in seinem »Sermon von der Bereitung zum Sterben« sinngemäß schreiben, noch in der Fratze des Todes begegne uns das liebende Antlitz des Gekreuzigten, Jesus Christus.

Die Erinnerung an den CHRISTUS MEDICUS könnte vor Ohnmachtsgefühlen auf der einen und Allmachtsfantasien auf der anderen Seite bewahren. Die - woran und wie auch immer - Leidenden bilden den ganzen Leib Christi, die Gemeinde, die Kirche. Im Leitbild des CHRISTUS MEDICUS wäre zu erkennen, wie Jesus Christus durch sein eigenes Leiden jedem fremden Leiden Würde verliehen hat. Deshalb weicht die

---

[1] Vgl. Woty Gollwitzer-Voll: Christus Medicus - Heilung als Mysterium, Paderborn 2007.

Christenheit der Krankheit, d. h. den erkrankten Menschen, nicht aus. Sie setzt, wo es in ihrer Macht steht, alles Menschenmögliche für die Genesung von Menschen an Leib und Seele ein. Sie weiß aber auch, den Tod aus *Gottes* Hand zu nehmen und das Sterben zu rechter, von Gott gegebener Zeit kommen zu lassen. Dann ist unsere Aufgabe der verlässliche Beistand, in dem schon sich etwas verwirklicht von der Zusage Jesu Christi aus Matthäus 28 Vers 20: *Siehe, ich bin bei euch alle Tage bis an der Welt Ende.*

„Ich habe meine Zuversicht..." - BACH-KANTATE BWV 188[1]

Auszug aus dem Gottesdienstbegleiter:
Bach-Kantate BWV 188:
1. Sinfonia: „Ich habe meine Zuversicht"
Begrüßung - Psalm 46 (EG 725)
GLORIA PATRI - KYRIE ELEISON - GLORIA IN EXCELSIS
GRUSS - TAGESGEBET - EVANGELIUM: Johannes 4,46-53
Gemeindelied: „Du meine Seele, singe" (EG 302,1+3+8)
GLAUBENSBEKENNTNIS
Bach-Kantate BWV 188:
2. Arie: *Ich habe meine Zuversicht auf den getreuen Herrn gericht', da ruhet meine Hoffnung feste. Wenn alles bricht, wenn alles fällt, wenn niemand Treu und Glauben hält, so ist doch Gott der allerbeste.*
PREDIGT zu Jeremia 29,1-14 (i. A.)

Liebe Gemeinde!

Vor gut vier Wochen hat Stadtsuperintendent i. R. Hans Werner Dannowski, dessen Name dauerhaft mit der Marktkirche verbunden bleibt, hier sein wunderbares Buch „Der Himmel lacht. Bachs Kantaten im Rhythmus des Jahres" vorgestellt.[2] Er hat mich in der Überzeugung bestärkt: Bachs Musik ist die biblische Botschaft *als* Musik, das Evangelium in seiner ihm eigenen sinnlichen, musikalischen Weise. Sie bewirkt, was sie ausdrückt. Bei Bachs Musik bist du dabei, wie Gott die Welt erschafft. So ähnlich sagt es selbst Friedrich Nietzsche.

[1] Predigt im Kantaten-Gottesdienst in der Ev.-luth. Marktkirche St. Georgii et Jacobi Hannover am 28. Oktober 2012 (21. Sonntag nach Trinitatis); Musikalische Leitung: Marktkirchenkantor Ulfert Smidt; Mitwirkende: Nadine Dilger (Sopran), Gesine Frank (Alt), Rafael Brandenburger (Tenor), Matthias Groß (Bass); Bach-Orchester Hannover; Orgel-Concertato/Continuo: Bernward Lohr. Zum Kantaten-Text siehe den Auszug aus dem Gottesdienstbegleiter.

[2] Grundsätzliche Bemerkung: Für eine Predigt ist es wenig sinnvoll, sondern eher störend, jedes einzelne Zitat aus der Literatur anzugeben. Die Kundigen werden erkennen, welche Literatur zu J. S. Bach (21.03.1685-28.07.1750) ich, ein musikwissenschaftlicher Laie, reichlich und dankbar benutzt habe. Die wichtigsten Autoren, die ich für die Predigt zu BWV 188 und 102 zu Rate gezogen habe, seien hier genannt: Theodor W. Adorno, Jochen Arnold, Walter Blankenburg, Hans Blumenberg, Werner Breig, Stephen A. Crist, Hans Werner Dannowski, Alfred Dürr, Hans Heinrich Eggebrecht, Reinmar Emans / Sven Hiemke / Klaus Hofmann, Albrecht Goes, Manfred Mezger, Ulrich Meyer, Martin Petzoldt, Hans-Joachim Schulze, Albert Schweitzer, Gottfried Simpfendörfer, Renate Steiger, Charles Taylor, Maarten `t Hart, Johannes Wallmann, Michael Wersin, Christoph Wolff.

Gute Musik, wie wir sie eben gehört haben und noch hören werden, ist keine Musik, die *wir* verstehen, sondern die *uns* versteht. *Ich habe meine Zuversicht / Auf den getreuen Gott gericht', / Da ruhet meine Hoffnung feste...* Je älter ich werde, desto zuversichtlicher möchte ich leben: mit einer Sicht über das Sichtbare hinaus...noch im Ende einen neuen Anfang erblicken. ZUVERSICHT, Zwillingsschwester des Glaubens. Ein Mensch sieht zu dem hin, von woher er angesehen wird. Zuversichtlich sein, heißt zu leben aus dem Angesehen*werden*, das erst ermöglicht, sich zu etwas zu versehen und damit auch zu verstehen. Konnte Johann Sebastian Bach darum eine Musik komponieren, die etwas anderes als sich selber will, einer Wahrheit verpflichtet, die sein Zuversehen in Gang setzt, herausfordert?

Ich habe meine Zuversicht / Auf den getreuen Gott gericht'.... Die Musik fließt dahin wie kräftige, aber ruhige Wellen. Die Taktwechsel der Tenor-Arie signalisieren: Wer auf Gott vertraut, darf sich getragen wissen in unterschiedlichen Lebenslagen. Ungehindertes Dahinströmen, angezeigt von den Wiederholungen. Plötzlich Untiefen, Stromschnellen, Strudel: die Oboe stürzt in Achtelketten und Dreiklängen herab, die hohen Streicher lassen die Erde „beben“: *Wenn alles bricht, wenn alles fällt, wenn niemand Treu und Glauben hält....* Die mehrfache Wiederholung der ersten drei Zeilen - mit gehaltenen Tönen bei *ruhet* und *feste* - trägt über alle Klippen und Katarakte hinweg: *...so ist doch Gott der allerbeste.*

Dieses Zuversehen galt Jahrhunderte lang. Fünf Jahre nach Bachs Tod, infolge des Erdbebens von Lissabon im Jahr 1755, zerbricht im Lebensgefühl Europas das Vertrauen in die Stimmigkeit von Gott und Welt. Von der waren noch Bachs ältere Zeitgenossen Newton (1643-1727) und Leibniz (1646-1716) überzeugt. Und heute? Ist für uns noch das Wissen in den Glauben und der Glaube in das Wissen eingebettet? Einunddreißig Jahre nach Bachs Tod folgt mit Immanuel Kants „Kritik der reinen Vernunft“ die große „Entbettung“ (Charles Taylor). Seit der „Aufklärung“ steht - in einer Kant freilich halbierenden Weise - alles, was hinausgeht über innerweltlichen Menschenverstand, unter Irrationalitäts- und Ideologieverdacht. Im Zuge der Romantik beansprucht Kunst die Stelle der Religion. Heute gilt Religion immerhin wieder als Ruf ins Entbehrte, Vermisste, wie neuerdings in Martin

Walsers Alterswerk. Wie lässt sich die Spannung über zweieinhalb Jahrhunderte hinweg aushalten? Lassen wir Bachs Musik selbst den Abstand überwinden, ohne ihn zu leugnen!

Die Kantatensätze 3 bis 6 sollen zur Feier des Abendmahls erklingen. Beim Rezitativ des Basses frage ich mich: Spielt Gott nur Maskerade, wenn *sein erzürntes Angesicht / ist anders nicht / als eine Wolke trübe*? Gewiss, ich höre dabei Luther: Der Zorn Gottes ist die andere Seite seiner Liebe. Doch kann diese theologische Wahrheit angesichts der Abgründe der Geschichte nach Bach bis zu uns heute mehr sein als ein schwacher Abglanz von Wahrheit? All die Greuel und Grausamkeiten sind doch weder mit Gott noch ohne Gott auszuhalten! Gleichwohl will in jeder Zeile von Satz 3 gehört werden die geronnene Erfahrung von Menschen, die äußeren und inneren Abgründen entronnen sind: Joseph, Hiob, David, Hiskia. Am Schluss: Jakobs Kampf am Jabbok. Diesen Gottesstreiter - „Israel" heißt ja: „Er hat mit Gott gestritten" - schüttelt selbst Gott nicht ab. *Drum lass ich ihn nicht, er segne mich denn* - mit brillanter Koloratur bei *segne*. Der biblische Gott also kein Maskenspieler, sondern ein auf ewig Zugewandter, ebenso Angreifender wie Angreifbarer! Wo Vernichtung hätte sein können, erlebt sich der mit Gott ringende Mensch als Bejahter, Geretteter. Das ist hier die Blickrichtung. Eine Rückblende kraft einer ganz persönlichen Beziehung. Die Erfahrung einer Kraft, die allem so zugrunde, so voraus liegt, dass sie nur als alles umgreifende Gegenwart Gottes gedeutet werden kann. Das ist der Kern, wenn die altlutherisch-orthodoxen Theologen von „Vorsehung" sprachen. Bach folgte ihnen: kraft innerer Erfahrung, jenseits starrer Gelehrsamkeit, um die Reformation des Lebens statt nur der Lehre bemüht.

Wie Luther davon sprach, noch in der Begegnung mit dem Tod ereigne sich die Begegnung mit Gott! Weil Gottes wahre Verborgenheit sein Mitsein in der Tiefe des Todes ist. Von daher höre ich die kurze Alt-Arie, den 4. Satz: das staunende Nachsinnen der Unerforschlichkeit der Wege Gottes, das für uns Rätselhafte versinnbildlicht in Synkopen und wechselnden Rhythmen: Achtel-, Sechzehntel, Zweiunddreißigstel! Gottes wahre Erhabenheit ist seine Niedrigkeit in der Krippe und am Kreuz. Im Sinne dieses Wechsels heißt es im 5. Satz, im Sopran-Rezitativ: *Die Macht der*

Welt verlieret sich - Bach lässt die Instrumente schweigen. *Gott aber bleibet ewiglich* - Bach lässt die Instrumente wieder erklingen, hinaus über die Seligpreisung: *Wohl allen, die auf ihn vertrauen.* Darauf antwortet der Schlusschoral.

So adelt Bachs Musik viele der von ihm verwendeten Libretti. Die Musik macht die Hintergründe hörbar, verleiht dem Text Tiefe. Die Musik spricht aus, was nicht das letzte Wort behalten darf. Die Musik kündigt das letzte, erlösende Wort an - oder sehnt es herbei. Auf Veredlung durch Bachs Kompositionskunst hoffte schon der Librettist „Picander". Er versah seine «Cantaten Auf die Sonn- und Fest-Tage durch das gantze Jahr» mit dem Vorwort: „Ich habe solches Vorhaben desto lieber unternommen, weil ich mir schmeicheln darf, dass vielleicht der Mangel der poetischen Anmuth durch die Lieblichkeit des unvergleichlichen Herrn Capell-Meisters, Bachs, dürfte ersetzet ... werden." „Picander" - so nannte sich Christian Friedrich Henrici (1700-1764), aufgestiegen zum „Oberpostcommissarius" (1734) sowie „Stadt-Trank-Steuereinnehmer und Weininspektor" (1740), Verfasser der fünf Bände „Ernst-Schertzhaffte und Satyrische Gedichte", ebenso des Librettos für Bachs Matthäus-Passion. So gehört unsere heute dargebotene Kantate zum 4. Kantatenjahrgang, erstmals aufgeführt wahrscheinlich am 17. Oktober 1728 im Frühgottesdienst der Thomaskirche, Beginn: 7:00 Uhr, Dauer: vier Stunden, mindestens.

Die «Picander-Kantaten» sind nur zu einem Bruchteil erhalten. Unsere heutige Kantate hat einen dreifachen Verlust erlitten: Sie hat „ihr" Evangelium verloren, mit dem sie freilich nur locker verbunden war, das wir ihr aber heute zurückgegeben haben: die Geschichte aus Johannes 4 vom Vertrauen eines königlichen Beamten in Jesus, den er um Heilung seines erkrankten Sohnes bittet. Inzwischen wurde dem 21. Sonntag nach Trinitatis ein anderes Evangelium zugeordnet, Jesu Wort „Von der Feindesliebe" (Mt 5,38-48). Zudem liegen die zerstückelten Partiturschnipsel zerstreut in Berlin, Eisenach, Paris, Washington (USA), Wien, St. Petersburg, einige befinden sich anderswo bei Privatbesitzern. Eine Kantate in der Diaspora, dazu noch unvollständig, ein heimatlos gewordenes Musikstück! Die Sinfonia hatte Bach als Violinkonzert noch einmal verwendet. Das ging ebenfalls verloren. Zum Glück hatte er sie auch einem Cembalokonzert eingefügt (BWV 1052). In der von Werner Breig rekonstruierten Fassung konnten wir die Sinfonia heute hören!

Doch gerade im Blick auf den Verlust, ihre Unvollständigkeit und Heimatlosigkeit ergibt sich eine besondere, wenngleich unbeabsichtigte Beziehung der Kantate zu dem für den 21. Sonntag nach Trinitatis im Jahr 2012 vorgesehenen Predigttext. Nach der sprachlich sehr genauen Zürcher Bibel 2007 lese ich ausgewählte Verse aus Jeremia 29, einem Brief des Propheten an die schon bei der ersten Belagerung Jerusalems im Jahr 594 vor Christus ins babylonische Exil Verbannten:

4So spricht der HERR..., der Gott Israels, zu allen Verbannten, die ich in die Verbannung
geführt habe, von Jerusalem nach Babel: 5Baut Häuser und wohnt darin, pflanzt Gärten und
esst ihre Frucht, 6nehmt Frauen und zeugt Söhne und Töchter, und nehmt Frauen für eure
Söhne und gebt eure Töchter Männern, damit sie Söhne und Töchter gebären... 7Und sucht
das Wohl der Stadt, in die ich euch in die Verbannung geführt habe, und betet für sie zum
HERRN, denn in ihrem Wohl wird euer Wohl liegen. ...

Jetzt bedenke ich nur einen Aspekt. Jeremia will dem Irrtum entgegentreten: In der Fremde, fern vom Tempel in Jerusalem seien die Verbannten von Gott verlassen. Denn Gott sei nur an einen Ort gebunden. Aber Gott, so der Prophet, ist kein Nationalgott, sondern seine Gegenwart erfüllt den ganzen Erdkreis. Darum sollen und können die Verbannten auch hier leben im Angesicht Gottes, sich ansiedeln, neue Familien gründen, das *Wohl*, genauer: den SCHALOM *der Stadt* suchen. Wo Gott gegenwärtig ist, dort ist SCHALOM, dort kann Frieden gelebt werden. Bei Freunden und bei Feinden! Dort, in der Kraft des vorgegebenen und verheißenen Friedens, soll nicht nur der Frieden der eigenen Seele gesucht, sondern der Frieden der Stadt geschaffen werden. Alle gehören hinein in den Stadtfrieden, auch in Hannover, auch wenn Fremde die Stadt hier und da fremder erscheinen lassen. Das ist auf der ganzen Erde so. Seit Mitte 2012 wohnt die Mehrheit der Neun-Milliarden-Erdbevölkerung in Städten.

Jeremia geht es beim „Besten“ *der Stadt* namentlich um das Stadtwohl der ganz fremden Stadt im völlig unbekannten Land. Doch wo gibt es die für uns noch? Längst suchen wir nahezu alle Stätten und Städte dieser Erde auf. Wir scheuen vor keiner Fremde mehr zurück. Bleibt nur die Frage, ob wir da auch ankommen, wo wir hinkommen. Im Zuge dieser grenzenlosen, besitzergreifenden Landnahme, verstärkt seit Bachs Zeit, hat sich unsere Welt gewandelt. Und nun stehen wir mitten in einer neuen, bisher unbekannten Fremdheit: mit sozialem, ökonomischem und politischem Neuland in jeder Hinsicht. Ohne Vorbild für den rechten Umgang mit unserer Freiheit, unserem Reichtum, unserer Langlebigkeit, unseren Kontakten mit Menschen anderer Religionen und Kulturen, einer beispiellosen, tiefgreifenden Revolution wie die des liberalen Kapitalismus spätestens seit Bachs jüngerem Zeitgenossen Adam Smith (1723-1790), den Folgen eines rasanten, ressourcenraubenden Naturverbrauchs, der Energiewende, die längst schon längst hätte vollzogen sein müssen, der Langzeitverantwortung nicht nur für Atommüll über Jahrhunderttausende hinweg, den unabsehbaren Handlungsfolgen.

Wird unsere Wissensgesellschaft mit diesem Mount Everest an Nichtwissen zurechtkommen? Kennt jemand den Notausgang unseres Raumschiffs Erde? Weiß jemand Vorbilder, an denen wir uns orientieren können? Wie gut, dass es Bewegungen gibt, in denen Menschen nicht alles selbst besitzen, sondern nur teilhaben und deshalb teilen wollen!

Der Ökonom Gabor Steingart, Chefredakteur der renommierten Wirtschaftszeitung »Handelsblatt«, schreibt in seinem Buch „Das Ende der Normalität. Nachruf auf unser Leben, wie es bisher war“: „Heute leben wir in einer Welt des relativen Reichtums und der absoluten Ungewissheiten. ... Das lineare Leben früherer Zeiten endet mit einem Feuerwerk von Komplexität. Es wächst die zunehmende Anfälligkeit der technischen und ökonomischen Systeme für unerwartete Schwankungen, Ausfälle und Havarien aller Art. ... Die nach dem Ende der Normalität knappste Ressource ist daher Zuversicht.“[1]

Ich habe meine Zuversicht... Unsere Kantate ist aktueller denn je, ihre Darbietung heute mehr als religiöse Kultur- und Gemütspflege! Es sind vor allem drei Einsichten, die sich mir vermitteln:

---

[1] Gabor Steingart: Das Ende der Normalität. Nachruf auf unser Leben, wie es bisher war, München / Zürich 2011[2], S. 11

• Wahr sind nicht nur die Gedanken, die ich verstehe. Auch das Gegenteil meiner Wahrheit kann eine tiefe Wahrheit sein.

• Wir brauchen einen angemessenen Umgang mit wissendem Nichtwissen, in Langzeitverantwortung, die uns an den Grenzen unserer Möglichkeiten letzte Anspannung abverlangt.

• Wir brauchen ein neues Gespür für das Unerwartete, Unberechenbare, plötzlich Hereinbrechende, für die Kontingenz des Daseins, das uns jetzt Nichtverstehbare, das sich versammelt und verdichtet in der Rede sowohl von der Verborgenheit als auch der Vorsehung Gottes.

Lassen wir den Schluss von Jeremias' Brief an die in die Fremde Geführten und an die Fremde Gewiesenen ernsthaft nur ein wenig für uns gelten, wird die Zeit der Verborgenheit lange anhalten, werden wir lange im Exil sein, fremd in unserer eigenen Welt. Dennoch ist Grund zur Zuversicht:

10 Denn so spricht der HERR: Erst wenn siebzig Jahre erfüllt sind..., werde ich mich um euch
kümmern. Dann werde ich mein gutes Wort an euch einlösen... 11 Denn ich, ich kenne die
Gedanken, die ich über euch denke..., Gedanken des Friedens und nicht zum Unheil, um euch
eine Zukunft zu geben und Hoffnung. ... 14d ...und ich werde euch zurückbringen an die Stätte,
von der ich euch in die Verbannung geführt habe.

Und am Ende, mit dem letzten Atemzug, werden wir in ein Land gewiesen, das uns völlig unbekannt ist, sich jeder Erfahrung entzieht. Aber dort wartet kein Fremder auf uns. Auf uns wartet Jesus Christus, Gottes Gegenwart in Person. Durch ihn ruft Gott uns immer ins Leben, ob wir geboren werden oder ob wir sterben.

Am Ende kommt alles auf das Einfachste, Unmittelbarste an. Darum beendete Johann Sebastian Bach die meisten seiner Kantaten mit einem einfachen, schlichten Choral: eindringlich, schön, weil um seiner selbst willen beeindruckend - was hier heißt: um des gleichsam unantastbaren Vertrauens willen, der in sich ruhenden Zuversicht, die allein, die alle Zukunft in sich trägt:

Auf meinen lieben Gott / trau ich in Angst und Not...

12 ***Und ihr werdet mich rufen...und ich werde euch erhören.*** Amen.

Auszug aus dem Gottesdienstbegleiter:

Gemeindelied: „Solang es Menschen gibt auf Erden“ (EG 427,1-5)

Mitteilungen - Dankopfer

Gemeindelied: „Gott wohnt in einem Lichte“ (EG 379,1-5)

ABENDMAHL - während der Austeilung:

Bach-Kantate BWV 188:

3. Rezitativ: *Gott meint es gut mit jedermann auch in den allergrößten Nöten. Verbirgt er gleich seine Liebe, so denkt sein Herz doch heimlich dran; das kann er niemand nicht entziehn: Und wollte mich der HERR auch töten, so hoff' ich doch auf ihn. Denn sein erzürntes Angesicht ist anders nicht als eine Wolke trübe. Sie hindert nur den Sonnenschein, damit durch einen sanften Regen der Himmelssegen um so viel reicher möge sein. Der verwandelt sich in einen grausamen, um desto tröstlicher zu scheinen: Er will, er kann's nicht böse meinen. Drum lass ich ihn nicht, er segne mich denn.*

4. Arie: *Unerforschlich ist die Weise, wie der HERR die Seinen führt. Selber unter Kreuz und Pein muss zu unserm Besten sein. Und zu seines Namens Preise.*

5. Rezitativ: *Die Macht der Welt verlieret sich. Wer kann auf Stand und Hoheit bauen? Gott aber bleibet ewiglich: Wohl allen, die auf ihn vertraun!*

6. Choral: *Auf meinen lieben Gott trau ich in Angst und Not. Er kann mich allzeit retten aus Trübsal, Angst und Nöten. Mein Unglück kann er wenden, steht all's in seinen Händen.*

Gemeindelied: „Auf meinen lieben Gott“ (EG 345,2-5)

DANKGEBET - SENDUNG UND SEGEN

ORGELCHORAL (für 2 Orgeln):

„Christ, der du bist der helle Tag“ (J. S. Bach, BWV 1120)

„HERR, DEINE AUGEN SEHEN NACH DEM GLAUBEN…" - BACH-KANTATE BWV 102[1]

BWV 102 - Teil 1:

1. Coro: *HERR, deine Augen sehen nach dem Glauben! Du schlägest sie, aber sie fühlen's nicht; du plagest sie, aber sie bessern sich nicht. Sie haben ein härter Angesicht denn ein Fels und wollen sich nicht bekehren.*

2. Recitativo B: *Wo ist das Ebenbild, das Gott uns eingepräget, wenn der verkehrte Will sich ihm zuwiderleget? Wo ist die Kraft von seinem Wort, wenn alle Besserung weicht aus dem Herzen fort? Der Höchste suchet uns durch Sanftmut zwar zu zähmen, ob der verirrte Geist sich wollte noch bequemen; doch, fährt er fort in dem verstockten Sinn, so gibt er ihn in's Herzens Dünkel hin.*

3. Aria A: *Weh der Seele, die den Schaden nicht mehr kennt und, die Straf auf sich zu laden, störrig rennt, ja von ihres Gottes Gnaden selbst sich trennt.*

4. Arioso T: *Verachtest du den Reichtum seiner Gnade, Geduld und Langmütigkeit? Weißest du nicht, dass dich Gottes Güte zur Buße locket? Du aber nach deinem verstockten und unbußfertigen Herzen häufest dir selbst den Zorn auf den Tag des Zorns und der Offenbarung des gerechten Gerichts Gottes.*

Liebe Gemeinde!

„Diese Musik vergibt uns armen Teufeln, sie verspricht uns neue Lust, sie weint mit uns mit allen Seelen. Wir setzen uns mit ihr, zu ihr, mit Tränen nieder."

So der jüngst verstorbene Komponist Hans Werner Henze zur Musik Johann Sebastian Bachs.[2]

---

[1] Predigt im Gottesdienst BACH UM FÜNF am 4.11.2012 (22. Sonntag nach Trinitatis) in der Ev.-luth. Neustädter Hof- und Stadtkirche St. Johannis Hannover. Unter der Gesamtleitung von KMD Lothar Mohn musizierten Kammerorchester und Kammerchor Hannover (Leitung: Stephan Doormann), Lea Wolpert (Alt), Eric Stokloßa (Tenor) und Peter Kubik (Bass); Musik zum Eingang an der Spanischen Orgel: Preludio und Toccata von Michelangelo Rossi (1601-1656), Musik zum Ausgang: Ricercar von Bernardo Storace (1637-1707); Liturgin: Pn. Martina Trauschke; die Gemeinde betete Psalm 143 i. A. und sang die Lieder „Ich freu mich in dem Herren…" (EG 349), „Herz und Herz vereint zusammen…" (EG 251); Lesung: Römer 2,1-10; Predigt zu Römer 2,3-5; 7,18+24f zwischen BWV 102 Teil I (1-4) und Teil II (5-7)

[2] Zitat von Hans Werner Henze nach Lutherische Monatshefte 24 / 1985, S. 255.

Herr, deine Augen sehen nach dem Glauben.... Die Kantate erschüttert mich: ihr bedingungsloser Ernst, ihre tiefe Dringlichkeit. In nervöser Spannung fordert sie mich heraus zu der Einsicht: Wirklich leben kannst du erst, wenn du dich dem letzten Ernst deines Daseins stellst. Leben heißt: aufrecht gehen in den Knien. Dazu stärkt die Kantate mir den Rücken. Denn wo zu Buße, Bekehrung, Besserung aufgefordert wird: zur Umkehr, wird mit dem Neuwerdenkönnen gerechnet. Es muss eben zu Ende gesprochen werden, was nicht das letzte Wort behalten darf. Dann erst kann ein wahrhaft letztes Wort folgen, das lebendig macht statt zu töten. Die Kantate weint mit uns, damit wir irgendwann aufhören können zu weinen. Die Kantate berührt uns mit dem, was uns auf dem unergründlichen Grund unserer Existenz *un*bedingt angeht.

Herr, deine Augen sehen nach dem Glauben...: Albert Schweitzer hat von der „herrlichen Herbheit" dieser Kantate gesprochen. Bach-Kenner rechnen sie zu den „hochkarätigen" Vokalwerken des Leipziger Thomaskantors. Den Eingangschor hat er, etwas verändert, als Kyrie in seine g-Moll-Messe (BWV 235) übernommen. In der Kyrie-Gloria-Messe F-Dur (BWV 233 / 4) kehrt die „Wehe"-Arie des Alt wieder. Den Text fand Johann Sebastian im Fundus seines Meininger Vetters Johann Ludwig Bach. Die Vorlagen für den späteren dritten Jahrgang der Bachkantaten erschienen ohne Verfasserangabe als Druck im Jahr 1704. Ihr Autor ist möglicherweise Herzog Ernst Ludwig zu Sachsen-Meiningen.

Herr, deine Augen sehen nach dem Glauben... hat Johann Sebastian Bach komponiert zum 25. August 1726. An diesem 10. Sonntag nach Trinitatis wird sie aufgeführt im Frühgottesdienst der Leipziger Thomaskirche. Der begann morgens um 7:00 Uhr und dauerte mindestens 4 Stunden, die Predigt durfte 60 Minuten nicht unterschreiten. Am 29. Juli 1731 lässt Bach die Kantate in der Nikolaikirche noch einmal erklingen. Erst nach 99 Jahren, in einem Druck aus dem Jahr 1830, wird sie dem Vergessen entrissen.

Am 10. Sonntag nach Trinitatis, dem Gedenktag der Zerstörung Jerusalems, ist das Evangelium aus Lukas 19: Jesus weint über die Stadt Jerusalem, kündigt deren baldige Zerstörung an und vertreibt in prophetischem Zorn die Händler und Geldwechsler aus dem Tempel. Jesu Trauer und Zorn wegen der Harthörigkeit und Hartherzigkeit des Gottesvolkes hat die Christenheit von Anfang an auf sich selbst bezogen. Doch außer dem Grundmotiv „Verstocktheit" bietet die Kantate keinen Anhaltspunkt am Evangelientext. Zitiert werden ganz andere Bibelstellen. Darum wird die Kantate heute dem Ende des Kirchenjahres zugeordnet, namentlich dem Buß- und Bettag. Hier und heute erklingt sie schon am 22. Sonntag nach Trinitatis.

Der Ruf zur Buße will die verschlossenen Ohren und die verstockten Herzen aufschrecken. Wacht auf! Kehrt um! Es geht um Leben oder Tod! Die Zeit drängt! Die Rückkehr zum Wort Gottes, die Hinkehr zum wahren Leben duldet keinen Aufschub, keine Sekunde. Vom ersten Satz an ist dieses das beherrschende Thema. Ja, des *HERRN...Augen sehen nach dem Glauben*, aber sie blicken nur in *ein härter Angesicht denn ein Fels*, bei allen. So schon die Klage in Jeremia 5 Vers 3, der hier zitiert wird. Doch eröffnen die fugalen Elemente im Eingangschor noch eine andere Perspektive? Zeigen sie an, wie - ich sage sogleich: *wir* vor den fragenden Augen Gottes fliehen? Oder drücken sie aus, wie Gott uns unablässig suchend nachgeht? Die klanglichen Verschränkungen sagen mir: Unsere Flucht und Gottes Fragen gehören zusammen! Dabei geht Gottes Suchen über all das hinaus.

HERR, deine Augen sehen nach dem Glauben...: fünfundzwanzigmal wird es gesungen. Der Tag hat 24 Stunden. Gott geht seinen Menschen länger nach als der Tag Stunden hat. Im Wiederholen lässt Bach anklingen, wie Gott seine Menschen wieder holen will: unermüdlich! So leuchtet das Evangelium über dem Gesetz, wie ein Licht in der Nacht! Dieses Licht ist allerdings grell, ihm entspricht ein schriller Klang. Schon im *HERR*, mehr noch im *Sehen* - und dann immer wieder in dieser Kantate - geht Bach bis an die Schmerzgrenze. Unerträglich für die Ohren seiner Zeit! In ver-rückter Harmonik zeigt er, wie im Widerspruch zwischen Gott und Mensch sich das Gleichgewicht der Welt verschiebt. Ich gebe Bertolt Brecht Recht: „Wer das Schöne will, darf nichts beschönigen."

Denke aber niemand, hier solle der Mensch klein gemacht werden. Im Bass-Rezitativ, dem 2. Satz, werden wir erinnert an das Größte, das je über uns

Menschen gesagt wurde, über jede Frau, jeden Mann: DU BIST GOTTES EBENBILD (1. Mose 1,27). Bach weiß um die ursprüngliche Bestimmung des Menschen. Zugleich weiß er, wie fratzenhaft verzerrt, zum Schreckensbild verkehrt, wie verloren das Gottesbild im Menschenbild ist, wird Gottes Wort und Weisung in den Wind geschlagen. Wenn wir einem anderen Geist folgen als dem der liebenden Hingabe Jesu Christi. Die Sprache, in der im Barock biblische Aussagen - wie hier in jeder Kantatenzeile - zusammengedrängt sind, ist mir fremd. Gleichwohl erinnert sie mich an das Grauen und die Grausamkeiten in der Zeit nach Bach bis heute. Ganz wesentlich hat doch ein *Dünkel* der *Herzen* den Tod zu einem „Meister aus Deutschland" gemacht. Er stürzt immer wieder das Menschentum ins Dunkel. „Schwarze Milch der Frühe..." - Paul Celans „Todesfuge" drängt sich mir unweigerlich auf. Bachs Kantate ist weit entfernt davon, aber sie bereitet mir den Klangraum dazu. Sie fragt mich, ob ich *Ebenbild* Gottes sein will. Gott zwingt mich nicht dazu. Als *Ebenbild* soll mir ein Raum der Freiheit und Verantwortung eröffnet sein. Den verlasse ich von mir aus, lasse ich mich von keiner *Sanftmut zähmen*. Die Opfer des Holocaust wurden verlacht, weil sie so „sanftmütig" waren, sich nicht wehrten. Um unseres Christseins willen dürfen wir weder wollen, nur Spiegel unserer selbst statt Gottes *Ebenbild* zu sein, noch anderen ihre GOTTESEBENBILDLICHKEIT absprechen. Dieses Bass-Rezitativ ist nach Form und Inhalt eine einzige bohrende Frage.

In der folgenden Alt-Arie wird die Frage zur Klage. Ich höre in diesem „Wehe" die strengste Mahnung und Warnung, einem Urteil nahe. Gleicherweise höre ich in dem „Wehe" die Klage Gottes über seine verlorenen Menschen. Weinend fragt Gott: „Mensch, wo bist du?" - Hast du das des" der Oboe wie der Altstimme gehört, die Synkopen und Querstände, die zwei Seufzer im Mittelteil der Arie? Das fragen die in der Musik Fachkundigen. - Dieses subtile, intime „Wehe" trifft mich am tiefsten. Es zeigt mir weniger im Wort, dafür umso mehr in der Musik einen Gott, der zur Trauer fähig ist, der in Jesus Christus das Menschenbild als SEIN *Ebenbild* erneuert.

Im 4. Satz wird die Klage wieder zur Frage. Im Bass-Arioso - eine nachträgliche Bezeichnung, Bach selbst hat dieser Vertonung eines Bibeltextes keinen Namen gegeben - liegt die inhaltliche Mitte: in den Paulusworten aus Römer 2. Wir haben sie als Biblische Lesung vorhin gehört. Bach legt den Schwerpunkt auf die Verse 4 und 5: *Oder verachtest du den Reichtum seiner Güte, Geduld und Langmut? Weißt du nicht, dass dich Gottes Güte zur Buße leitet? Du aber mit deinem verstockten und unbußfertigen Herzen häufst dir selbst Zorn an auf den Tag des Zorns und der Offenbarung des gerechten Gerichtes Gottes.* Um dieses Wort recht zu verstehen, lese ich den vorangehenden Vers 3 dazu: *Denkst du aber, o Mensch, der du die richtest, die solches tun, und tust auch dasselbe, dass du dem Urteil Gottes entrinnen wirst?* Das also ist konkret die Verstocktheit und Unbußfertigkeit: andere zu richten, zu verurteilen, zu verdammen. Von Anderen Anderes zu erwarten als von sich selbst. Ihnen ihr Menschsein abzuerkennen, statt zu erkennen, dass du selbst von ihrer Anerkennung und Achtung lebst. Vom Anderen her, der mich ansieht und mich deshalb *un*bedingt angeht, fällt gleichsam Gott in mich ein und ist so der Grund meines eigenen Lebens. Dort walten Gottes *Güte, Geduld und Langmut* allezeit, aber wenn ich diese Lebensquelle verstopfe, zumülle, mache ich sie unwirksam für mich. So ist das *Gericht Gottes* immer das Gericht, das ich mir selbst spreche. Der *Zorn* ist derjenige, den ich über mich selbst ausschütte.

Die *Buße* ist zu oft als Angst- und Kleinmacher missbraucht worden. Doch der freundliche, werbende Ton, die Haltenoten vor allem bei *Güte, Geduld, Langmütigkeit,* das die Lockbewegungen gleichsam sichtbar machende *locken* statt *leiten* - in alledem gibt Bach das wirklich Gemeinte wieder: den Ton Gottes im eigenen Leben zu finden, die *Güte Gottes* als das wahrhaft Gute im eigenen Leben wirken zu lassen. Eine Rück- und Umbesinnung zu dem hin, der mein Menschsein begründet und trägt! Wir alle leben von Voraussetzungen, die uns gegeben *sind.* Auch das meint Luthers reformatorische Entdeckung - vor fünf Tagen war Reformationsfest - von der RECHTFERTIGUNG ALLEIN AUS GNADEN. Darum gehört das mit *Buße* Gemeinte, genauer: das Geschehen der Rechtfertigung im Sinne der Reformation hinein in die Geschichte der Menschenwürde und Menschenrechte. Jüngere Philosophen benutzen wieder das Wort „Rechtfertigung", um die Menschenrechte zu begründen: Die Rechte und Pflichte eines Menschen, ja alles, was ihm von anderen Menschen her geschehen darf, muss vor diesem Menschen gerechtfertigt werden können, weil er als immer schon gerechtfertigt, d. h. anerkannt zu gelten hat. Gewalt gegen Menschen, sofern sie nicht zum Schutz anderer ausnahmsweise nötig ist, muss dann aufhören. Jetzt. Sofort. Solche Unbedingtheit und Dringlichkeit kennzeichnet auch unsere Kantate.

Galt für Bach *Buße*, obwohl geradezu ein Schlagwort in seiner Zeit, als ein ganz besonderes, äußerst aufmerksam und empfindsam zu behandelndes Thema? Wieder ver-rückt er etwas, indem er den Bibeltext ans Ende des ersten Kantatenteils rückt. So hebt er den üblichen Parallelismus auf, nach dem sowohl der erste als auch der zweite Teil mit einem Bibeltext beginnen.

Das Thema „Rechtfertigung" ist aktuell. Martin Walser bekennt in seinen letzten Büchern, er sei der Rechtfertigung bedürftig. Darum empfinde er seinen Atheismus als großen Mangel. Den Atheismus als Verlust zu empfinden, mindestens das verlangt er von allen, die an Gott weder glauben können noch wollen. Mein eigener Eindruck ist lange schon ein noch anderer. In der sog. „Moderne" hat der Rechtfertigungszwang ein Übermaß erreicht. Denn selbst die lebensdienlichste technische und ökonomische Entwicklung zeigt auf ihrer Rückseite Folgen, die alles Lebendige schwer beschädigen können. Umso mehr müssen wir nach Ursachen und Verursachern suchen. Allerdings, damit zerren wir uns ständig vors Gericht. Wer ist wofür verantwortlich? Wer hat woran Schuld? Wer hat was wiedergutzumachen? Diese Schuld- und Bußfrage, umgekehrt die ständigen Rechtfertigungsversuche sind, gnadenlos, der Subtext beinahe aller veröffentlichten Meldungen und Meinungen. Verantwortlich zu sein - ja, das gehört zum Menschsein, das sich seiner GOTTESEBENBILDLICHKEIT bewusst ist. Aber dazu bedarf es eines Gewissens, das um die dramatische Spannung zwischen dem unbedingten Anspruch und der stets unvollständigen Verwirklichung weiß, das seine eigene Vergebungsbedürftigkeit kennt und darum Grund und Grenzen der eigenen Möglichkeiten achtet. Diese Spannung bringt Paulus in Römer 7, dem Predigttext, der am heutigen Sonntag an der Reihe ist, auf den Punkt: *Wollen habe ich wohl, aber das Gute vollbringen kann ich nicht. Denn das Gute, das ich will, das tue ich nicht; sondern das Böse, das ich nicht will, das tue ich. ... Ich elender Mensch! Wer wird mich erlösen von diesem todverfallenen Leibe? Dank sei Gott durch Jesus Christus, unsern HERRN!*

Der Mensch, der am Vollbringen des Guten immer wieder scheitert, ist weder ein schlechter noch ein zum Guten unfähiger, aber ein der Rechtfertigung bedürftiger Mensch. Paulus nimmt lieber als die der Menschen die Gerechtigkeit Gottes in Anspruch, wie sie uns als Zuspruch in Jesus Christus begegnet. Denn dieser Richter ist der Retter, der denen, die sich ihm anvertrauen, die Füße wäscht anstelle des Kopfes. *Dank sei Gott durch Jesus Christus, unsern HERRN!*

Der Ernst aber bleibt. Die Zeit drängt. Gerade weil das Buß- und Umkehr-Motiv eine starke Triebkraft für die Moderne war, in der der einzelne Mensch in die Mitte rückt. Mit seinem Blick auf den Menschen selbst hat es Persönlichkeitsbildung durch Selbstformung bewirkt. Die wiederum gehört zu den technischen und ökonomischen Neuerungen, die nach Bachs Tod im Jahr 1750 so richtig in Gang gesetzt werden. Mit ihrer Hilfe versuchen wir, das unerwartet Hereinbrechende, Unvorhersehbare zu kanalisieren. Gewiss, wir sollen uns vom Unberechenbaren nicht besiegen lassen. Doch werden wir es niemals ganz besiegen können. Solchen gläubigen Realismus brauchen wir umso mehr, als wir aufgrund unserer guten Ziele und Entwicklungen vor bisher ungekannten Herausforderungen stehen, die uns ständige Umkehr und Neubesinnung abverlangen. Verpflichtungen und Verantwortlichkeiten drängen sich auf, für die wir keine Vorbilder haben. Keine Generation vor uns war so reich wie wir, keine insgesamt so langlebig, keine hatte soviel Freiheit, keine so viele Kontakte mit Menschen anderer Religionen und Kulturen. Jetzt muss aber auch eine Energiewende vollzogen werden, die längst schon hätte vollzogen sein müssen! Jetzt haben wir eine Langzeitverantwortung für Atommüll über Jahrhunderttausende hinweg! Jetzt müssen wir mit schwerwiegenden und unabsehbaren Handlungsfolgen rechnen. Wie gehen wir damit um, wenn das Raumschiff Erde keinen Notausgang hat? Wer will da noch sagen, wir brauchten keine Umkehr, wenn es unabweislich und dringlich um eine ganz große Transformation geht: So zu leben, dass nachfolgende Generationen noch leben können?! Achten wir die, die sich auf den Weg eines anderen Wirtschaftens machen wollen. Dazu weise ich jetzt nur kurz hin auf den „Transformationskongress", den im Juni 2012 in Berlin die christlichen Kirchen, die Umweltverbände und der DGB veranstaltet haben, und die Tagung der christlichen Initiative „Anders wirtschaften" am bevorstehenden Buß- und Bettag in Leipzig.

Die Zeit drängt. Dieses Dringliche, Unabweisbare wird das Leben namentlich unserer Kinder und Kindeskinder bestimmen, bis zur letzten Anspannung. Insbesondere im Blick auf die Ausübung von Verantwortung trotz wachsender Berge wissenden Nichtwissens wird diese Anspannung und Anstrengung größer sein müssen als die, die den von mir so bewunderten Menschen beim Wiederaufbau nach 1945 abverlangt wurde. Dabei müssen wir lange schon auf eine stimmige Einbettung des Wissens in den Glauben und des Glaubens in das Wissen verzichten. Bach und sein etwas älterer Zeitgenosse Leibniz, der 10 Jahre vor der Erstaufführung unserer Kantate am 14. November 1716 starb, der in dieser Kirche begraben ist und dessen Schädelkopie wir im Leibniz-Saal anschauen können, konnten ihre Werke noch im Rahmen eines von allen geteilten Weltbildes von einem inneren Kern her „komponieren"; bei Leibniz ist es die „Monade", in Bachs „Kunst der Fuge" erzeugt Einheit Vielheit. Gleichwohl, Bach ist mehr Luther als Leibniz. Wie bei Luther finden wir in Bachs Kunst die Bruchlinien der Erfahrung. Wo Leibniz noch den ruhigeren Fluss der Zeit zu kennen scheint, scheint Bach zumindest zu ahnen: Die Zeit drängt.

Wie Bach an die Grenzen der Harmonik gegangen ist, werden wir jetzt nochmals im zweiten Teil der Kantate hören: *Erschrecke dich, du allzu sichre Seele! ... Beim Warten ist Gefahr: Willst du die Zeit verlieren?* Die Sprache ist fremd, aber brandaktuell die Sache. Die Kantate fordert uns heraus zu letzter Wahrheit und Klarheit. Doch so sehr Buße, Besserung, Bekehrung ihr Thema sind - sie spricht kein unverrückbares Urteil. Zu Bachs Zeiten viel gesungen wurde Nikolaus Hermans' Lied „'So wahr ich lebe', spricht dein Gott, ‚mir ist nicht lieb des Sünders Tod...'" (EG 234). Dessen 6. und 7. Strophe bilden den Schlusschoral. In ihnen waltet am Beispiel eines frühen, plötzlichen Todes ein nun wirklich unüberbietbarer Ernst. Mit ihm hatte Bach ständig umzugehen: der Tod seiner ersten Frau, vieler Kinder, vieler

Freunde. Dem Ernst und der Dringlichkeit können wir standhalten, indem wir Jesus Christus bitten, uns vom Alten zu entlasten und für einen Neubeginn zu öffnen. Die Melodie ist die des „Vaterunser"-Liedes. In den Trost- und Hoffnungsraum dieses Gebets hat Jesus uns längst hineingenommen.

So liegen wir auf den Knien, um aufrecht zu gehen! Mit Bachs Musik. Setzt euch zu ihr, mit Tränen nieder! Im Namen Jesu weint sie mit uns mit allen Seelen, vergibt uns armen Teufeln, verspricht uns neue Lust! Amen.

BWV 102 - Teil 2:

5. Aria T: *Erschrecke doch, du allzu sichre Seele! Denk, was dich würdig zähle der Sünden Joch. Die Gottes-langmut geht auf einem Fuß von Blei, damit der Zorn hernach dir desto schwerer sei.*

6. Recitativo A: *Beim Warten ist Gefahr; willst du die Zeit verlieren? Der Gott, der ehmals gnädig war, kann leichtlich dich vor seinen Richtstuhl führen. Wo bleibt sodann die Buß? Es ist ein Augenblick, Der Zeit und Ewigkeit, der Leib und Seele scheidet; verblendter Sinn, ach kehre doch zurück, dass dich dieselbe Stund nicht finde unbereitet!*

7. Coro: *Heut lebst du, heut bekehre dich, eh morgen kömmt, kann's ändern sich; wer heut ist frisch, gesund und rot, ist morgen krank, ja wohl gar tot. So du nun stirbest ohne Buß, dein Leib und Seel dort brennen muss. - Hilf, o HERR Jesu, hilf du mir, dass ich noch heute komm zu dir und Buße tu den Augenblick, eh mich der schnelle Tod hinrück, auf dass ich heut und jederzeit zu meiner Heimfahrt sei bereit.*

„DIE NACHT IST VORGEDRUNGEN..."
IM GEDENKEN AN DEN 70. TODESTAG VON JOCHEN KLEPPER[1]

«Nachmittags die Verhandlung auf dem Sicherheitsdienst. Wir sterben nun - ach, auch das steht bei Gott -. Wir gehen heute Nacht gemeinsam in den Tod. Über uns steht in den letzten Stunden das Bild des Segnenden Christus, der um uns ringt. In dessen Anblick endet unser Leben.»

Liebe Gemeinde!

Der letzte Eintrag Jochen Kleppers in sein Tagebuch: Donnerstag, 10. Dezember 1942, gegen Abend. Am nächsten Morgen finden die Nachbarn an der Haustür Berlin-Nikolassee, Teutonenstr. 23, ein Schild: „Vorsicht Gas!" - und in der Küche, auf einer Decke liegend, die Toten: Hanna Klepper (*2.11.1890) umarmt ihre Tochter Renate Stein, Jochen Klepper mit offenen, erstaunten Augen.

Heute vor 70 Jahren, am 9. Dezember 1942, ist Klepper zu einem demütigenden Besuch im Reichssicherheitshauptamt bei Adolf Eichmann gezwungen. Er muss für seine 20-jährige Stieftochter Renate die Ausreiseerlaubnis nach Schweden erwirken, das nach langem Zögern aufnahmebereit ist. Der - es fällt mir schwer, dieses und andere Unworte auszusprechen - SS-Obersturmbannführer stellt die Ausreise in Aussicht, dann, am Nachmittag des 10. Dezember, lehnt er sie kurzerhand ab. Die ‹Banalität des Bösen›, so Hannah Arendt während des Eichmann-Prozesses 1961, offenbart einmal mehr ihre Brutalität, ihren Vernichtungswillen, ihre eigene Nichtigkeit. Ihr sind Jochen Klepper und seine jüdische Frau und Stieftochter, beide getaufte Christinnen, wehrlos ausgeliefert. Klepper, von Kindheit an

---

[1] Predigt in der Reihe PROTESTANTISCHE PROFILE der Neustädter Hof- und Stadtkirche St. Johannis Hannover am 9.12.2012 (Zweiter Advent). Psalmgebet: Psalm 80 i. A.; Lesungen: Jakobus 5,7-8, Lukas 21,25-33; Credo: Klepper-Gedicht „Du bist als Stern uns aufgegangen..."; Lieder: „Er weckt mich... (EG 452), Advents-Kyrie (EG 178.6), „Ihr lieben Christen..." (EG 6), „Die Nacht ist vorgedrungen..." (EG 16), „Gott wohnt in einem Lichte..." (EG 379), „Mein Gott, dein hohes Fest des Lichtes..." (Kleppers Abendmahlslied zu Weihnachten [Mel. EG 369]). Die Gemeinde hatte einen Gottesdienstbegleiter mit Lebenslauf und Faksimile der letzten Tagebucheintragung in der Hand. - Literatur: Jochen Klepper: KYRIE. Geistliche Lieder, Berlin 1965[14]; »Ziel der Zeit«, Witten / Berlin 1967[2]; *Unter dem Schatten deiner Flügel.* Aus den Tagebüchern der Jahre 1932 bis 1942, Stuttgart 1997; dazu die Arbeiten von Markus Baum, Detlev Block, Reinhard Ellsel, Jürgen Henkys, Ralph Ludwig, Joachim Mehlhausen, Martin Rössler, Martin Wecht. Siehe insbes. Helmuth Reske: In seinem Wort mein Glück. Jochen Kleppers Ringen mit der Bibel in seinen Tagebüchern, Neukirchen-Vluyn 2008 (daraus sind einige Zitate entnommen).

durch Asthma geschwächt, der äußeren und inneren Ruhe bedürftig, notiert im August 1933: *»Wenn ein unpolitischer Mensch in ein politisches Zeitalter gerät, ist es fast, als ob er unter die Räder kommt.«* Vorher, am 30. Januar 1933, nennt er das Nazi-Regime ein *»Bündnis zwischen dem Adel und dem Pöbel«.*

Ab 1938 verschärfen sich seine Lebensumstände. Der um Hilfe bemühte Hanns Lilje findet keinen Ausweg. Im Herbst 1942 kann auch Innenminister Frick, ein Verehrer von Kleppers großem Roman „Der Vater", keinen Schutz mehr gewähren. Vielmehr seien Zwangsscheidungen von Ehen zwischen Juden und Nicht-Juden zu erwarten. Kundige rechnen mit einem weiteren Deportationszug. Der rollt tatsächlich 4 Tage später ab: nach Auschwitz. Wie kann Renate dieser Vernichtungsmaschinerie entkommen?

Eine ausweglose Lage! Der tiefschwarze Schatten der im Januar 1942 auf der Wannsee-Konferenz, ganz in der Nähe vom Haus der Kleppers in Nikolassee, beschlossenen sog. „Endlösung"! Die brutale Verschärfung der seit 1935 geltenden „Rassengesetze", z. B. den „Judenstern" tragen zu müssen und die Zweitnamen „Israel" oder „Sara" anzunehmen (die Nazis hatten nur übersehen, dass der Name „Fürstin" bedeutet), die Besitz- und Wohnungsenteignung.

Zwar findet Kleppers Buch über Preußenkönig Friedrich Wilhelm I., Vater des „Großen Fritz" Friedrich II., bis zur Nazi-Spitze sowie in der Wehrmacht Anerkennung. Doch wegen früherer Mitgliedschaft in der SPD und im Bund Religiöser Sozialisten, namentlich wegen der Ehe mit der verwitweten Jüdin Hanna Stein wird Klepper aus Anstellungen beim Rundfunk und bei Verlagen entlassen, aus der Reichsschrifttumskammer ausgeschlossen, aus der Wehrmacht entfernt. Er sieht Deutschland auf den Abgrund zutreiben, hält aber fest am ererbten Volk- und Vaterlandsideal ineins mit der damals im Luthertum ebenso weit verbreiteten wie biblisch allzu einseitig und fragwürdig begründeten Staatstreue. Klepper, der sich durch seine Heirat dem Judentum gottesbestimmt verbunden weiß, verabscheut die antisemitischen „Deutschen Christen". Dennoch scheut er den Beitritt zur Bekennenden Kirche, deren Aktivitäten er als theologisch unstatthaften Eingriff in das von Gott Bestimmte und deshalb Auszuhaltende versteht. Ein Leben außerhalb Deutschlands bleibt ihm ebenso unvorstellbar wie eine Trennung von seiner Frau.

So verpasst Klepper die Ausreisemöglichkeit, die seine ältere Stieftochter Brigitte noch gerade rechtzeitig nutzt. Dieses Versäumnis rechnet er sich als Schuld zu. Er hält jedoch am „Haus" als eigener Welt für einen „Stillen im Lande" fest, als Acker, wie ihn einst Jeremia in seinem Heimatort Anatot als Zeichen gegen Gewalt und Bedrängnis kaufte (Jeremia 32). Zugleich schwindet Kleppers Kraft, an dem anspruchsvollen Werk über Katharina von Bora: „Das Ewige Haus" wie an weiteren von der Bekennenden Kirche erbetenen Liedern zu arbeiten. Zudem verhindert, wie angedeutet, eine Staatsgewalt, die sich das Recht nimmt, weil sie die Macht hat, die endlich mögliche Ausreise der jüngeren Stieftochter Renate. So geht auch Renate mit Mutter und Stiefvater in den Tod.

Dieses für sie Unmögliche - länger schon hatten sie es als unausweichlich Mögliches erwogen. Wie der von tausenden jüdischen, auch halbjüdischen Familien kein „Freitod", sondern ein „Zwangstod"! „Selbstmord"? „Selbsttötung"? Oder, distanzierend, „Suizid"? Kein Ausdruck kann die Dramatik, die Tragik, das Dilemma im Herzen dieser Menschen auch nur andeuten! Alle Deutungen versagen! Jedes moralische Urteil bleibe untersagt!

Zu Leben und Werk des am 22. März 1903 im niederschlesischen Beuthen geborenen Jochen Klepper weise ich auf die Übersicht im Gottesdienstbegleiter hin. Statt dieses nun näherhin darzustellen, scheint es mir angemessener, eines von 12 Klepper-Liedern im Evangelischen Gesangbuch zu bedenken. Nur Paul Gerhardt, Martin Luther und Nikolaus Herman sind darin mit mehr Liedtexten vertreten. EG 16, *Die Nacht ist vorgedrungen...*, dichtet Jochen Klepper am 18. Dezember 1937, am Nachmittag vor dem 4. Advent. Das Gedicht erscheint in der Sammlung „Kyrie", ab 1938 im Eckart-Verlag in drei Auflagen, bis zum Papierentzug. Unterstützt durch die Melodie des jungen Musiklehrers Johannes Petzold, dieser freilich SA- und NSDAP-Mitglied, zeigt es das besondere, bisweilen eigentümliche Protestantische Profil Kleppers. Die Strophenfolge verbinde ich mit den reformatorischen Kernaussagen: allein die Schrift - allein Christus - allein die Gnade - allein der Glaube.

Von der ersten Strophe an folgt der Dichter dem Grundsatz „allein die Schrift“. Außer über der letzten stellt er über seine Tagebuchaufzeichnungen jeweils ein Herrnhuter Losungswort und über alle seine Lieder ein anderes Wort der Heiligen Schrift. So steht auch über diesem Gedicht ein Bibelzitat, nämlich Römer 13 Verse 11 und 12. Diesem ist nahezu wortwörtlich die Kopfzeile entlehnt: *Die Nacht ist vorgerückt, der Tag aber nahe herbeigekommen....* Klepper dichtet aus Gottes Wort. Freilich in seinem Sinn: *»Aussagen über Gott machen - nein. Bibelworte sagen - ja.«* (T: 6.7.33) Schreiben ist für ihn Glaubensvollzug. Das gilt auch für seine Romane: ausgesprochen wie unausgesprochen zeigen sie Menschen vor Gott. Sein Schreibtisch, an dem seine Bücher entstehen, ist für ihn wie eine Kanzel, sein Dichteramt wie ein Pfarramt, sein Erzählen wie ein Taufen: eine Namensgebung, um die er Gott bittet. Der Künstler Klepper lehnt eine bloß ästhetische Existenz ab; Schreiben, Dichten ist ihm dem Grunde nach ein religiöser Vorgang.

Zurück zu unserem Lied: Jede Textzeile ist unmittelbar oder umgeformt ein Bibelzitat. So auch, um jetzt nur zwei Beispiele zu nennen, der *Morgenstern*, der hellste Stern vor dem Sonnenaufgang, als Bild für den auferstandenen Christus in Offenbarung 22 Vers 16, desgleichen das *zur Nacht geweinet* aus Psalm 30 Vers 6. Klepper leiht sich für seine eigenen Erfahrungen und Empfindungen fremde Worte. Dadurch sind, ohne beschönigt werden zu müssen, auch *Angst und Pein* beschienen vom Licht. In ihm will Klepper täglich das *»Leben aushalten und annehmen, bis Gott ausgeredet hat«* (zit. n. Helmuth Reske, S. 32). Er macht sich einen Choralvers zu eigen: *»'Dass ich ihn leidend lobe, das ist's, was er begehrt'«* (T: 6.6.37)

Leidend zu loben? Das ist möglich in der Kraft des »Christus allein«. Schon da in Strophe 1, wird es in Strophe 2 so entfaltet, wie dieser Christus zuerst für uns da ist: als *Kind und Knecht*; in der Krippe, aus der das Kreuz wächst - in *Angst und Pein* also: wie auch wir. Diese Redeweise unterscheidet sich deutlich von der Nazi-Propaganda vom Herrenmenschentum, das in seinem ungebändigten Willen zur Macht Menschen zu Unmündigen und Rechtlosen macht. Dagegen wird der wahrhaft Höchste, dem alle *Engel dienen*, zum Niedrigsten. Gott selbst nimmt alle Rechtlosigkeit, alles Unrecht auf sich, um das Rechte und das Recht wieder zum Leuchten zu bringen. Damit ist klar, wie es hervorgeht aus dem Abendmahlslied zu Weihnachten, das wir vor dem Segen singen werden: Die Rettung ist Gericht, Scheidung zwischen wahr und unwahr, recht und unrecht. Aber die Last des Unwahren und Unrechten trägt nun ein Anderer! Darum ist Schuld kein Grund mehr, sich schamvoll zu verbergen, sondern, mit meinen Worten gedeutet, umso mehr ein Grund, sich dem *Kinde* anzuvertrauen. Deswegen war Jochen Klepper die besondere, das Innere berührende Festlichkeit der Advents- und Weihnachtszeit so wichtig.

...wenn er dem Kinde glaubt - da denken wir an Paul Gerhardts „Ich steh an deiner Krippen hier...". Durch den Schluss von Strophe 2 wird nicht der Glaube zur Bedingung für die Gnade gemacht. Vielmehr steht die ganze Strophe 3 unter dem „allein die Gnade": Statt dass er aus dem eigenen Inneren hervorgebracht wird, wird der Glaube im Stall von Bethlehem gefunden: *das Heil* als Glaubensgabe, als Inhalt des Bundes Gottes mit seinen Menschen. Der aber war - *in aller Zeiten Lauf* - gleichsam mit dem Geschehen der ersten Schuld schon dabei. Menschenschuld war nie ohne Gottesgnade. Das kommt in der Christusgeburt ans Licht. Dadurch ist die *Nacht...schon im Schwinden.*

Das *Schwinden* der *Nacht* wahrzunehmen, sich vom *Stern der Gotteshuld...beglänzt* zu wissen, sodass *kein Dunkel mehr [hält]* - das ist Glaube. Darum ordne ich Strophe 4 das reformatorische „allein der Glaube" zu. Freilich weist Helmuth Reske in seinem zu Recht ganz an Kleppers Selbstaussagen orientierten Buch: „In seinem Wort mein Glück" auf etwas Wichtiges hin: „Kleppers Grundthema des Glaubens ist nicht die Rechtfertigung, sondern die Führung durch Gottes Geist in allen Wirren und Verwirrungen seines Lebens und seiner Zeit." (S. 43) Dabei ist Klepper sich darüber im Klaren, dass Gottes Führung und Fügung im einzelnen Geschehen verborgen ist, wahrnehmbar aber im Ganzen, als geschenktes Grundvertrauen inmitten des Dunklen seiner Zeit und seines Lebens. Auch damit widerspricht Jochen Klepper, so wenig er sich zum vollmächtigen Widerstand berufen weiß, dem machtvollen politischen Führertum seiner Zeit, das für die eigenen Gewaltexzesse gotteslästerlich die ‚Vorsehung' in Anspruch nimmt. Dagegen konzentriert er sich ganz auf diese frühe Selbstaussage: *»Ich weiß gar nichts, als dass Gott sich alles* *vorbehält, mich aber hält.«* (T: 10.6.33; Reske, S. 43) So ringt er täglich darum, leben zu können in der Gegenwart des Gottes, der unserem Verstehen verborgen bleibt, der aber im Licht eines neuen Tages und im Weckruf zum Glauben und des Glaubens aus seiner Verborgenheit heraustritt. Davon haben wir eingangs nach Klepper gesungen: *Er weckt mich alle Morgen....*

Andere Worte verwenden, aber im Grunde dasselbe singen wir alsbald in Strophe 5. Sie ist für mich eine der tiefgründigsten in unserem Gesangbuch: *Gott will im Dunkel wohnen / und hat es doch erhellt....* Hier nimmt, in umgekehrter Wortfolge, der Dichter 1. Könige 8 Vers 12 auf. Im Blick auf seinen Tempelbau beginnt dort König Salomo eine Rede mit den Worten: *Die Sonne hat der HERR an den Himmel gestellt, er hat aber gesagt, er wolle im Dunkel wohnen....* Das heißt, Gott will sein Geheimnis wahren, ohne uns sein Licht zu verweigern, den Glanz seiner Gnade! *Wer hier dem Sohn vertraute, / kommt dort aus dem Gericht.* Anders gesagt: Wer Christus im Leben gehört, geht ihm im Tod nicht verloren! Jedem anklagenden Richterspruch folgt ein begnadigendes Retterwort!

In diesem Glauben hat Jochen Klepper an einer äußersten, auf einer äußerst schmalen Grenze gelebt. Als Dichter verstummt er. Aus seinem Tagebuch aber können wir erkennen: Wie sein Schreiben ein Sprechen aus Gott sein wollte, ist sein Verstummen jetzt ein Schweigen vor Gott. Man hat Jochen Klepper zuviel „Ergebung" vorgeworfen, demgegenüber Dietrich Bonhoeffer wegen seines „Widerstands" gelobt. Das ist im Blick auf Bonhoeffer richtig, im Blick auf Klepper halte ich es, ohne dessen Grenzen und Gefährdungen leugnen zu wollen, für falsch. Die unterschiedlichen familiären Voraussetzungen und Begabungen einmal außer Acht gelassen, mag - als der Aktivere, Eindeutigere, Entschiedenere - Bonhoeffer uns Heutigen, die wir zurückblicken, zugänglicher sein. Aber liegt das vor allem an unserer aktivistischen Zeit, in der uns das Warten auf Antwort, das Aushalten vor Gott, ja das Aushalten Gottes selbst so schwer fällt? Ohne Innehalten, Stillehalten, Aushalten verlieren wir Protestanten Profil. Darum erinnere ich - zuerst mich selbst - an dieses Bonhoeffer-Wort: „Nicht nur die Tat, sondern auch das Leiden ist ein Weg zur Freiheit. Die Befreiung liegt im Leiden darin, dass man eine Sache ganz aus den eigenen Händen geben kann und in die Hände Gottes legen darf." Bonhoeffer begann seine Tage in Gefängnishaft mit Paul-Gerhardt-Liedern. Und sprach von einem Dreifachen: vom Beten, vom Tun des Gerechten und, was selten erwähnt wird, vom Warten auf Gott. Auch steht für mich Kleppers *Die Nacht ist vorgedrungen...* dicht neben Bonhoeffers „Von guten Mächten...": „...noch will das alte (Jahr) unsre Herzen quälen, / noch drückt uns böser Tage schwere Last", doch dann: „...dein Licht scheint in der Nacht."

Vor allem war Bonhoeffer wie Klepper ein Ausspruch Luthers zuinnerst geworden, der in besonderer Weise das Protestantische Profil ausmacht: „Gott reißt nicht das Übel von der Person, aber die Person vom Übel." Was heißt das? Wo dir Leiden widerfährt, wo du Schwerstes zu bestehen hast, bleibst du doch von Gott um Christi willen beachtet und geachtet, „gerechtfertigt", wie Luther es ausgedrückt hat. Es gehört zum Kernbestand des Protestantischen, zwischen der Person, die Gott um Christi willen annimmt, und ihren Lebensentscheidungen strikt zu unterscheiden. Auf dieser Grundlage haben beide ihre so unendlich schweren Entscheidungen getroffen: Bonhoeffer weiß um seine tiefe Schuld, als er in den Tyrannenmord einwilligt, der sich ihm in letzter Gewissensprüfung als unausweichlich aufdrängt. Klepper, in äußerster Gewissensnot, entscheidet sich, Hand an sich selbst zu legen, als kein anderer Ausweg in Sicht ist. Dennoch wird im gemeinsamen, zwischen ihm, seiner Frau und seiner Stieftochter einvernehmlichen Ende wenigstens ein letztes Zeichen von Treue und Liebe erkennbar. Und ein eindringliches Zeichen von Glauben und Hoffnung: *«Über uns steht in den letzten Stunden das Bild des Segnenden Christus, der um uns ringt. In dessen Anblick endet unser Leben.»* Das ist keine Kapitulation, sondern ein letztes Vertrauen darauf, niemals tiefer als in Gottes Hand fallen zu können, im Abgrund einen Grund zu finden.

Könnten wir anders gerettet werden, als dass unser Leben ende im Anblick des *«Segnenden Christus, der um uns ringt»*?! Amen.

Printed by Books on Demand GmbH, Norderstedt / Germany